AUTRES CHRONIQUES D'UN MÉDECIN LÉGISTE

Michel Sapanet

AUTRES CHRONIQUES D'UN MÉDECIN LÉGISTE

Les Éditions du Légiste

Copyright © 2014 Michel Sapanet
2ème édition
All rights reserved.
ISBN-13: 978-2954857435 (Éditions du Légiste)
ISBN-10: 2954857439

« *To be or not,*
<u>To be</u>, that is the question... »

À Sophie, qu'elle me pardonne
la libre interprétation de ses aventures.

À Guy Benhamou :
« *Errare humanum est, persevere diabolicum ?* »

Contenu

1 Autopsie clandestine 1
2 Pierrette 13
3 Poussette mortelle 23
4 Le voleur à la carte vermeil 35
5 Le schizo 43
6 Homme battu 49
7 Coupe faim 65
8 Rêve de légiste 71
9 Coup double 79
10 Les petits pois sont rouges 85
11 Giovanni 99
12 Galette 109
13 Angoisse aux assises 119
14 La litanie des tricheurs 129
15 Tour de rein 137
16 Expertise 143
17 Poison 149
18 Sommités 159
19 Doigt tueur 167
20 Compression 177
21 Roland l'oxygène 187
22 La 4L 199
23 Eau de vie 209
24 Gale 215
25 Grain de beauté 221
26 Bonne année, bonne santé… 225
27 La bavure 237
28 Psychologie appliquée 245
29 Batte mobile 255
30 Pervers pépère 265
31 Overdose 275
Du même auteur 277

1 Autopsie clandestine

Un jour de semaine, comme bien d'autres. Ou presque.
— Vous êtes en retard !
Le ton est péremptoire et ne laisse place à aucune discussion.
Au premier regard à mon entrée dans la pièce, je comprends pourquoi le juge d'instruction a préféré les locaux de la médecine légale à ceux du palais de justice. Tout ce beau monde n'aurait jamais tenu dans son cabinet.
Sophie regarde la pointe de ses chaussures. Elle a son air renfrogné des grands jours, ceux des contrariétés où le téléphone n'arrête pas de sonner, où la gestion des scellés nous prend la tête, où les autopsies s'accumulent. Pourtant, depuis plus de 20 ans qu'elle travaille avec moi, elle en a vu d'autres.
Marie, nommée officiellement praticien hospitalier à temps plein dans le service, est dans un coin de la pièce, près de l'écran où défilent les images d'un scanner de traumatisé, celles d'un beau crâne éclaté. À côté d'elle, Mélanie et Alexia, mes deux psychiatres légistes. Ou légistes psychiatres, cela dépend des jours. Et Cassiopée, notre chef de clinique depuis déjà un an. Il ne manque que Nicole, retenue à son cabinet médical

dans le nord-est du département, et Olivier, assistant spécialiste qui partage son temps « prorata temporis » (y compris les gardes) entre l'IML de Tours et celui de Poitiers. Ah, j'oubliais mes deux internes, aujourd'hui elles sont en formation.

L'ensemble de ces personnes forme une équipe fantastique, avec la tête sur les épaules Une équipe composée presque exclusivement de filles, vous l'aurez remarqué. Toutes belles et intelligentes. Un hasard.

Cette équipe si complète, c'est la nouveauté 2012 pour une médecine légale poitevine qui désormais a étendu sa compétence territoriale sur quatre départements. Quand je pense à mes débuts, tout seul ou presque dans deux petites pièces au onzième étage de la tour du CHU, il y a longtemps…

Donc cette équipe m'est particulièrement précieuse et je la défends bec et ongles dès qu'on l'attaque. Mais aujourd'hui, je suis inquiet.

— Reprenons, et tant qu'à faire, puisque le docteur Sapanet nous fait l'honneur d'être des nôtres, reprenons depuis le début.

J'apprécie l'ironie de la remarque. Il est rare que l'on ait l'honneur de recevoir la visite d'un juge d'instruction. En général c'est plutôt lui qui vous convoque. Je m'assieds dans un coin et j'essaie de me faire oublier. C'est Sophie qui est sur la sellette.

— Depuis le début ?
— Oui, lorsque vous revenez de vos courses.
— Je vous l'ai dit, c'était le samedi. Il y avait un monde fou à Intermarché. Du coup j'étais en retard et

plutôt pressée de rentrer à la maison.
— Vous rouliez vite ?
— Non, pas particulièrement.
— Et ensuite ?
— Eh bien la nuit tombait, et en plus il pleuvait.
— Vous étiez seule ?
— Non, j'étais avec Nikos, mon fils. Lui aussi était pressé, les courses l'avaient énervé.
— Quel âge a-t-il ?
— Il a huit ans.
— Est-ce qu'il a vu ce qui s'est passé ?
— Non, il était occupé avec sa console de jeux.
— Et ensuite ?
— Cela s'est passé très vite et je n'ai rien pu faire.
— Vous étiez en phares ?
— Non, j'avais mis les codes. Avec les phares, l'eau me gênait. Il y avait des reflets. C'est à la sortie d'une courbe que ça s'est passé. Il n'y avait pas beaucoup de visibilité parce que la route serpente dans les bois. En plus le chemin n'est pas indiqué.
— Pourtant, vous connaissez cette route ?
— Très mal, elle est dangereuse. Je l'avais prise pour éviter le trafic sur la nationale.
— Et alors ?
— Eh bien c'est au moment où je sortais de la courbe. Je dois vous expliquer que la route est très étroite et que la voiture occupe presque toute la largeur de la chaussée. Il n'y a presque pas d'accotement et le chemin donne directement sur la route. Il était caché par les arbres. Il est sorti pour se jeter directement contre ma voiture. J'ai entendu un grand bruit, je l'ai à peine vu dans mes phares.
— Vous n'avez pas freiné ?

— Je n'ai pas eu le temps. Je me suis arrêtée un peu plus loin. J'ai mis les feux de détresse, puis je suis allée voir. J'ai laissé Nikos dans la voiture, il avait toujours le nez dans sa console.

— Y avait-il d'autres véhicules derrière vous ?

— Non, c'est une petite route très peu fréquentée.

— Qu'avez-vous fait ensuite ?

— J'ai pris une torche que j'ai toujours dans le coffre, puis je l'ai cherché sur la chaussée mais je ne l'ai pas vu tout de suite. Il était dans le fossé, j'ai eu du mal à le trouver.

— Et ensuite ?

— Il ne bougeait plus, il ne respirait plus, il avait les yeux grand ouverts. Je savais qu'il était mort. Il avait la tête pleine de sang.

— Comment pouviez-vous savoir qu'il était mort ?

— J'en ai vu suffisamment dans mon métier, dans le service. Les morts ont quelque chose de particulier dans le regard.

— Comment pouvez-vous savoir qu'il n'était pas simplement inconscient, vu la suite des évènements ?

— J'ai cru qu'il était mort.

— À ce moment-là, qu'avez-vous fait ?

— J'étais paniquée. Je ne savais pas quoi faire. Je suis revenue vers ma voiture et j'ai réfléchi. Nikos m'a demandé pourquoi on n'était pas déjà à la maison. Je me suis dit que de toute façon ça ne changeait plus grand-chose, qu'il pouvait attendre vu qu'il était mort.

— Pourquoi n'avez-vous pas appelé immédiatement la gendarmerie ?

— Je ne sais pas, je paniquais, je ne pouvais pas attendre avec Nikos dans la voiture.

— Et ensuite ?

— J'ai fini le trajet jusqu'à la maison. Nikos est parti

dans sa chambre. Et j'ai pu me calmer. C'est à ce moment-là que j'ai pris le téléphone pour appeler la gendarmerie.

— Qui avez-vous appelé ?

— J'ai appelé Alain, à la brigade des recherches. Sur son portable.

— Pourquoi sur son portable ? Parce que vous saviez que les conversations sont enregistrées lorsqu'on appelle la gendarmerie sur les numéros officiels ?

— Non, non, pas du tout, c'est parce que par le standard, c'est toujours trop long. Avec le portable, je pouvais le joindre directement. J'ai essayé de lui expliquer ce qui s'était passé, mais la communication était très mauvaise. Il a fallu que je le rappelle. Du coup, lorsque j'ai enfin pu avoir une communication claire, j'ai compris qu'ils étaient tous occupés sur une affaire de meurtre, avec un dangereux forcené. Je lui ai juste dit que j'avais un problème avec un accident. Il m'a demandé s'il y avait des blessés, j'étais tellement stressée que je n'ai pas pu lui dire qu'il était mort.

— Vous n'êtes pas entrée dans les détails ?

— Non, j'étais perdue. Il m'a dit qu'ils étaient tous occupés, que ça chauffait, que toute la brigade des recherches était là, et également le procureur. Puis la ligne a coupé.

Le regard du juge d'instruction quitte enfin Sophie pour se porter vers les gendarmes. Les techniciens d'investigation criminelle de la brigade de recherche sont là, en tenue d'intervention.

— C'est exact, monsieur le juge, explique Alain. Vous savez, c'est cette affaire où le forcené a séquestré sa femme avant de la tuer. Quand Sophie a appelé, on faisait les premières constatations. On ne savait pas où était le forcené, finalement on l'a retrouvé dans sa grange où il s'était suicidé avec son fusil de chasse.

— Qu'aviez-vous compris de la conversation téléphonique ?

— Il y avait beaucoup de bruit, la ligne était très mauvaise. J'ai compris qu'il y avait eu un accident, qu'il n'y avait pas de blessés. Sophie n'avait rien, son fils non plus, la voiture pouvait rouler. Cela ne m'a pas inquiété.

— Cela ne vous a pas étonné qu'elle vous appelle ?

— Comme vous le savez, nous travaillons régulièrement avec Sophie et avec l'équipe de médecine légale. J'ai compris qu'elle ne savait pas comment faire pour la suite de l'accident, mais nous avions trop de problèmes sur place, j'étais en pleine intervention, en plus c'est à ce moment-là que la conversation téléphonique a coupé de nouveau. Après, ça ne passait plus.

— Vous a-t-elle parlé de cette affaire plus tard ?

— Non. Je ne connaissais rien de l'affaire. Pour l'accident j'ai pensé que c'était anodin.

Sophie me regarde intensément puis pousse un soupir. Je ne peux m'empêcher d'intervenir.

— Vous ne m'en avez jamais parlé !

— Non, j'y avais pensé mais finalement je n'ai pas osé.

Le juge reprend son interrogatoire.

— Bien. Donc, vous n'arrivez pas à contacter la gendarmerie. Pourquoi ne pas avoir appelé votre brigade locale ?

— C'était trop tard, à cette heure ils ne répondent plus, tous les appels sont transférés au central et on n'arrive plus à avoir de correspondant. En plus, je vous ai dit qu'il était mort. Enfin je le croyais.

— Donc vous n'avez appelé personne d'autre ?

Sophie pique du nez et se tasse sur sa chaise.

— Non. J'ai pensé appeler mon chef, mais finalement je n'ai pas osé.

— Docteur Sapanet, vous confirmez ?

— En effet oui, monsieur le juge.

— Et ensuite ?

— J'ai rangé mes courses, ça me permettait de réfléchir. Je me suis dit que je ne pouvais pas laisser le corps sur le bord de la route. J'ai décidé de retourner là-bas.

— Et ?

— J'ai tout préparé pour le transporter.

— Vous aviez une idée de ce que vous alliez en faire ?

— Non, je n'ai pas réfléchi davantage. Sinon je n'aurais pas fait cela.

— Cela ?

— Oui, la suite, quoi.

— Racontez.

Un long silence s'installe. Tous les regards sont tournés vers Sophie.

— Il faisait nuit. J'ai installé Nikos devant l'ordinateur, je savais que j'aurais du temps. Mon mari était parti chez ma mère avec ma fille. J'avais au moins deux heures devant moi.

— Ensuite ?

— J'ai pris une grande bâche pour ne pas salir le coffre. Et de la corde. Une grande corde solide.

— Pour ligoter la victime ?
— Non, pour m'aider éventuellement à la monter dans la voiture.
— Quoi d'autre ?
— J'ai aussi pris une hache.

Le silence qui suit est de plomb.
— Une hache ?
— Oui, une hache.
— Pour quoi faire ?
— Pour me défendre. J'avais peur.
— Vous défendre d'un mort ?
— Oui, enfin, c'était au cas où, on ne sait jamais. On voit tellement d'histoires bizarres, dans le service.
— …Continuez.
— Ensuite, je suis repartie. Il ne pleuvait plus, il n'y avait personne sur la route. Heureusement parce que cela a duré un moment.
— Pourquoi ?
— Je ne le retrouvais plus. J'étais sûre de l'endroit… Mais il était parti. Il y avait du sang partout sur l'herbe. Puis des traces qui allaient plus loin dans le fossé. Et là, j'ai retrouvé le corps.
— Donc il n'était pas mort.
— Je veux dire, quand je suis revenue, il était mort.
— Comment le savez-vous ?
— J'ai regardé ses yeux. Les pupilles étaient dilatées, elles ne réagissaient plus à la lumière.
— C'est un signe ?
— Oui.
— Vous êtes médecin ?
— Non, mais…
— Donc vous n'étiez pas sûre qu'il soit mort.
— Si.

Je sens une angoisse monter dans la voix de Sophie. Elle s'agite sur sa chaise, se tord les doigts, arrache un ongle avec ses dents, puis finit par dire, dans un souffle :

— Je lui ai donné un grand coup de hache sur la tête... pour être bien sûre.

Silence consterné dans la salle. Le juge d'instruction reprend :

— Bon. Je résume. Vous le renversez, vous l'abandonnez, vous n'informez personne, vous le laissez mourir et enfin vous l'achevez à coup de hache. C'est bien ça ?

— Non, je ne l'ai pas renversé, c'est lui qui s'est jeté sous ma voiture.

— Bon. Admettons. Et ensuite ?

— Heureusement que j'avais la corde. Cela m'a permis de le tirer hors du fossé. Puis j'ai réussi à le monter dans mon coffre, sur la bâche. Je savais que j'y arriverai, j'ai déjà vu des reconstitutions criminelles où de petites femmes montaient de gros malabars dans leur coffre.

— Docteur Sapanet, hors procès-verbal, votre service, c'est aussi une école du crime, si je comprends bien ?

Une école du crime ? Hum ! À la réflexion, on n'en est pas très loin... Cela me rappelle ce jeune étudiant juriste qui pendant deux mois avait suivi mon équipe, pour son stage du master de sciences criminelles. Nous lui avions ouvert largement nos portes. Il s'était engagé à respecter le secret médical et celui de l'instruction. Mais par la suite, revenu à sa vie d'avocat, il n'avait pas hésité à révéler des éléments d'un dossier et à se servir de tout ce qu'il avait compris, pour tenter d'obtenir la nullité de la procédure. Sans succès, heureusement.

— Pas du tout, monsieur le juge. J'enseigne juste les bonnes pratiques... Vous me connaissez !
— Justement. Et après ?
— Après ? Je suis passée par le CHU. Chercher des instruments. Dans la boîte d'autopsie réformée. Il y a tout ce qu'il faut et les instruments coupent encore.
— Quoi ? Vous êtes gonflée !

Cela m'a échappé. Si même mon assistante en rajoute, le juge va penser qu'effectivement j'apprends à toute mon équipe les trucs du légiste pour faire disparaître ses victimes. De là à ce qu'il me soupçonne aussi !

— Je voulais placer les restes dans les poubelles. Dans une de nos affaires, c'est ce que le criminel avait fait pour le tronc, personne ne s'était aperçu de rien. Mais pour cela, je devais le découper avant et je n'avais pas ce qu'il fallait à la maison.

Pfouuu... Je suis consterné. J'imagine la scène, en pleine nuit. Sophie apprend vite !

— Après, je suis rentrée. Nikos était toujours devant son ordinateur, mon mari et ma fille chez ma mère. Je me suis installée dans le garage et j'ai tout découpé. En passant par les articulations. Le tronc, je l'ai débité à la hache. J'ai eu beaucoup de mal. J'ai failli appeler le docteur Sapanet.
— Ne me dites pas qu'il vous aurait aidée ?
— Si, j'en suis sûre. La découpe, ça le connaît !

D'ailleurs en ce moment, il fait ça tous les week-ends à la chasse.

Je pourrais garder le silence, mais l'instant est trop grave :
— Oui, c'est vrai, monsieur le juge. Tous les week-ends. Et d'ailleurs, à ce propos, on pourrait arrêter de torturer Sophie et passer à la suite, vous ne pensez-pas ? Qu'elle n'ait pas fait tout cela pour rien.

Sophie pousse un soupir, tous les regards se tournent vers la table où les terrines nous attendent, résultat de ses talents. Des talents culinaires et non assassins.

La victime ? Un pauvre chevreuil qui n'avait pas appris le code de la route. On regarde, avant de traverser.

2 Pierrette

Le bar de Jaunay-Clan a rarement connu pareille affluence un soir d'octobre. Ce modeste troquet n'a d'ailleurs rien d'attirant, posé au ras de la route qui traverse le village, à quelques kilomètres au nord de Poitiers. Et sans le coup de fil des gendarmes, je n'aurais jamais eu l'idée de sortir de mon lit au beau milieu de la nuit pour aller pousser la porte de cet établissement.

Je ne suis pas le seul à avoir répondu à l'invitation. Lorsque j'arrive, l'endroit d'ordinaire sinistre a pris des airs de fête, avec toutes ces lumières bleues qui clignotent dans la nuit. À l'intérieur, la salle est pleine, ce qui n'a pas l'air de réjouir le patron, assis derrière son comptoir, les bras croisés. Il se serait bien passé de ces clients-là, qui prennent de la place et ne commandent rien. Ajoutez à cela la perte de Pierrette, qui comptait pour une bonne part dans la recette quotidienne. Sale temps pour le chiffre d'affaires.

L'objet de la contrariété du patron gît au pied du zinc, allongé sur le lino, la tête baignant dans une mare de sang. Pierrette, c'était un peu la reine de l'endroit, toujours prête à trinquer avec qui lui payait un verre. Et surtout, pas farouche, la miss. Avec elle, tout le monde avait sa chance, et les bons jours, pour pas un rond. C'est ce que me glisse dans l'oreille le chef d'enquête, tandis que j'enfile mes gants. Je comprends mieux l'amertume du tenancier. Il vient de perdre son produit d'appel.

Selon le résumé rapide que me fait le brigadier, la soirée se déroulait « normalement » lorsqu'un coup de feu a claqué. Quelqu'un a tiré depuis l'extérieur, au travers d'une porte vitrée, comme l'atteste un orifice bien rond d'environ 2 centimètres de diamètre. Un calibre de chasse, de type « Brenneke », réservé au gros gibier, d'après ce que je peux en juger. Juste après la détonation, pourtant unique, deux personnes se sont effondrées. Pierrette, ici présente. Et un homme qui se tenait derrière elle, évacué vers le CHU de Poitiers dans un état grave.

Mon examen confirme l'inutilité des premiers soins pour la dame. Le projectile l'a atteinte en pleine bouche, saccageant l'un de ses outils de travail, avant de ressortir derrière l'oreille. La carotide qui se trouvait sur le trajet de la balle a été sectionnée net, entraînant une hémorragie massive, une perte de conscience immédiate et la mort dans les secondes qui ont suivi. Les secours n'ont rien pu faire pour elle.

Le déshabillage ne révèle aucune autre lésion et ne m'apprend rien, sinon qu'elle porte un soutien-gorge tricolore – encore une adepte du lever des couleurs – mais pas de slip sous son pantalon de cuir. Il y en a qui aiment, paraît-il.

— Vous avez vu ? Choquant, non ?
— Choquant ?
— Ben oui, elle n'a pas de slip !
— Docteur, vous en avez vu d'autres et vous trouvez

cela choquant ? Vous ?
— Oui. Choquant. C'est incohérent.
— Qu'elle soit sans slip ?
— Non, qu'elle ait un soutien-gorge.
— C'est le slip ou le soutien-gorge qui vous choque ?
— Les deux.
— Les deux ?
— Oui, c'est à vous couper vos envies, non ? C'est soit les deux, et le plaisir c'est de les ôter, soit aucun. Ni slip, ni soutien-gorge. Là, je suis déçu…

La toison pubienne est coupée court, façon « brosse », mettant en valeur un tatouage représentant deux cœurs reliés par une chaîne et un prénom, « Patrick ».
— Voilà, c'est bien ce que je dis. Je suis déçu. Elle appartient à un autre. Comment voulez-vous faire une autopsie, dans ces conditions ? Ou alors, c'est une fan de Bruel ? Patriiiiick !

À force de cet humour douteux, j'arrive à tirer un sourire des gendarmes. Vu l'heure tardive, c'est une performance. Cet humour, j'en ai aussi besoin. Pour exorciser, que mon prochain câlin ne se transforme pas en déroute intempestive.

J'en ai terminé pour cette phase médico-légale. Je peux conclure finement, devant les enquêteurs de la brigade de recherche de la gendarmerie de Poitiers.
— La mort est manifestement d'origine criminelle.
Dire que je créé la surprise serait exagéré. Je crois même voir se dessiner un léger sourire sur les lèvres du chef d'enquête. Je poursuis dans la même veine, à propos d'hémorragie.

— Je sollicite donc la réalisation d'une autopsie.
— Pas de problème.
— Oui, mais demain.
— D'accord, docteur. En fait, on avait peur que vous nous la proposiez tout de suite, sur place, vu qu'on a à disposition une table en zinc…

Bon, les gendarmes aussi ont besoin de se lâcher.

Le corps est donc évacué vers l'institut médico-légal par les pompes funèbres. Le départ du cadavre finit de libérer l'atmosphère. J'en profite pour bavarder avec les enquêteurs qui avouent leur perplexité du moment.

— Pour l'instant, docteur, on n'a rien trouvé sur place. Même pas le projectile, qui doit être dans la seconde victime, celle qui est à l'hôpital.

Une douzaine de petits chevalets jaunes posés au sol signalent pourtant des traces ou indices. Comme le numéro douze, qui marque une molaire arrachée de la bouche de la victime et projetée à plus de cinq mètres du corps. Mais la plupart ne sont pas exploitables, comme le confirme le gendarme.

— Tout le monde a circulé dans la pièce, entre ceux qui ont tenté de porter secours et ceux qui se sont précipités pour ramasser leurs affaires et foutre le camp. Tout a été piétiné, bousculé, certains ont marché dans le sang. Un sacré b… !

Il est trois heures du matin lorsque je quitte les lieux, après avoir donné rendez-vous aux enquêteurs pour l'après-midi, en salle d'autopsie.

Après une courte nuit, je me rends dès mon arrivée au CHU dans le service de réanimation neurochirurgicale.

Il s'agit de prendre des nouvelles de la seconde victime. L'homme, âgé de 35 ans, a reçu la balle en pleine tête. Les clichés de radiologie et du scanner affichés sur le caisson lumineux, dans la salle de réanimation, parlent d'eux-mêmes. Sur les images de face, je distingue parfaitement un beau lingot de plomb d'environ 2 centimètres de diamètre, bien écrasé contre la paroi du crâne côté droit. Une balle Brenneke pour le sanglier, comme je l'avais pressenti en voyant le trou dans la vitre du bar. Les images de profil montrent l'orifice d'entrée perforant la boîte crânienne sur le côté gauche. Bon, j'ai compris. Ce pauvre garçon est encore plongé dans le coma. Mais compte tenu du trajet de la balle, il n'a aucune chance de s'en sortir. Je ne sais pas encore quand, mais je sais que je vais le récupérer sur ma table à découper.

À 14 heures, je retrouve mes gendarmes de la nuit venus assister à la dernière prestation de Pierrette : une visite guidée de ses intérieurs. Son foie est d'une jolie couleur chamois « foie gras » très appétissant malgré son origine, une consommation chronique d'alcool ; son estomac confirme d'ailleurs, avec un résidu liquide à forte odeur d'alcool, agrémenté de quelques fragments de cornichons. Les poumons sont pleins de sang, du fait du mécanisme de la mort. La rupture de la carotide a entraîné la perte de conscience sans interrompre les autres processus. Pierrette a donc continué de respirer, tandis que le sang se déversait à gros bouillons dans sa bouche et sa trachée, la noyant littéralement dans l'hémoglobine.

Je termine l'autopsie par la tête, siège de l'unique et mortelle lésion. Je confirme tout d'abord mes observations de la nuit, à savoir la présence d'un orifice d'entrée de projectile de gros calibre au niveau de la bouche. Les berges de la plaie portent des traces noires et grasses caractéristiques de l'« essuyage » de la balle. Lors de la pénétration dans les chairs, le projectile dépose les suies dont il s'est chargé dans le canon au moment du tir. L'essuyage confirme bien qu'il s'agit de l'orifice d'entrée. La balle est ensuite passée sur la langue, en y laissant un profond sillon indiquant parfaitement la direction de tir, avant d'aller exploser le sinus dans lequel je retrouve des fragments de dents et d'os. La pommette gauche et le maxillaire sont fracassés ; l'os pariétal, situé sur le côté gauche du crâne, est fracturé. Les amygdales de Pierrette ne sont plus qu'un vague souvenir, emportées au passage, en même temps que la branche de la carotide alimentant le cerveau. Une rupture fatale.

La sortie du projectile se situe en arrière et au-dessus de l'oreille gauche : une belle plaie étoilée ouverte dans le cuir chevelu et les cheveux, souillée d'une bouillie cérébrale et de quelques fragments de boîte crânienne. Au passage, la balle a emporté la molaire retrouvée au fond du bar, avant d'aller se loger dans la tête du voisin venu là pour boire un coup. La faculté a toujours dit que la fréquentation des débits de boisson était dangereuse pour la santé. La preuve.

La récolte d'indices est mince. Je peux toutefois donner aux enquêteurs une information précise. D'après les positions des orifices d'entrée et de sortie de la balle, compte tenu de la taille et de la position de la victime, 1m55 et assise sur un de ces hauts tabourets de bar, le tir est orienté du bas vers le haut. Le tireur s'est probablement agenouillé pour mettre en joue et faire feu avant de s'esquiver dans la nuit.

Les gendarmes se lancent alors dans les interrogatoires des proches de la victime, sans se douter de l'immensité de la tâche qui les attend. Car elle en avait, des « relations », la Pierrette. Quelques maris se retrouvent en fâcheuse posture lorsqu'il faut expliquer à des épouses étonnées la raison de cette visite des képis et leurs étranges questions au sujet d'une certaine dame. Les enquêteurs découvrent également que tous les amis de la défunte ne relevaient pas du même régime. Les manifestations d'affection étaient tarifées pour certains et sans contrepartie pour d'autres, ou selon les jours. Pierrette avait des fins de mois difficiles et dans ces périodes, le cours du câlin avait tendance à grimper.

Les gendarmes sont en pleine exploration des contacts amicaux de Pierrette lorsque le blessé de la nuit tragique succombe, six jours après son admission. L'autopsie ne révèle rien de particulier, si ce n'est un foie d'alcoolique, en accord avec une alcoolémie de 2,5 grammes lors de l'admission aux urgences, et la présence de 30 à 40 grammes de plomb dans la boîte crânienne. La balle que j'extrais et que je remets aux enquêteurs est complètement déformée par les différents impacts sur le crâne de Pierrette et celui du garçon.

Côté enquête, les interrogatoires se succèdent. Plus d'une trentaine d'hommes ont été identifiés et questionnés, tous disposant d'un alibi. À commencer par ceux qui étaient dans le bar le soir des faits. Tenaces, les gendarmes finissent par identifier un vieux compagnon de la victime. Un jaloux maladif qui éveille très vite les soupçons et qui passe rapidement aux aveux lors de sa garde à vue. Comme un barrage cédant sous la pression de l'eau, les vannes de sa rancœur déversent un flot ininterrompu de griefs imagés, au point que le pauvre préposé à la frappe du procès-verbal a bien du mal à suivre le rythme. « La salope, j'en pouvais plus, elle se tapait tout ce qui traînait, elle m'a ramené des maladies à la maison, sans parler des morpions, j'en avais marre, et toutes les fins de mois, c'était le même cinéma, elle avait plus de pognon alors elle allait se faire tripoter dans ce bar... »

L'homme livre également son mode opératoire. Il avait repéré, en face du bar, de l'autre côté de la route, une maison vide, quasi à l'abandon. Il y avait bien un écriteau « à vendre » accroché sur un volet. Mais il était là depuis tellement d'années qu'il disparaissait à moitié sous la crasse du temps et des pots d'échappement. Franchement, qui aurait l'idée d'acheter une bicoque posée au ras du bitume ? Il avait forcé la porte et s'était posté, à plusieurs reprises, derrière l'une des persiennes, à l'étage, pour noter les allées et venues de Pierrette. Pendant des heures, il était resté là, sans bouger, malgré le froid et l'humidité qui suintait des murs.

Dès que son amie entrait dans le bar, il changeait de poste d'observation. Il lui fallait s'approcher, tenter de voir sans être vu. Il voulait savoir, quitte à souffrir. Connaître l'affreuse vérité. Être sûr de son infortune. Alors il traversait la route et allait se dissimuler sous le porche voisin. Invisible dans l'obscurité, il n'avait qu'une vue partielle de la salle, au travers d'un angle de la porte vitrée, mais c'était bien suffisant pour comprendre ce qui s'y passait. Et ce qu'il ne voyait pas, il l'imaginait. Les mains de ces types sur son amie, les rires gras, les mots obscènes, tout ça lui montait à la tête. Plusieurs fois, il était venu avec son fusil, histoire de « lui donner une leçon », de lui faire peur. Et il y a eu ces deux gars, le soir du drame. Deux clients, plus entreprenants que d'ordinaire, ou moins bien placés, car pour une fois situés dans son angle de vision. Là, sous ses yeux, en train de tripoter sa copine, qui en plus avait l'air d'apprécier. Le rouge lui est monté d'un coup, il a pris son fusil, a mis en joue et a tiré.

La préméditation lui vaut quinze ans aux assises. À la clôture des débats, avant que les jurés ne se retirent pour délibérer, il émet un seul regret. Celui d'avoir tué le type à côté.
— Et pour votre compagne, lui demande le président ?
— Une salope !

3 Poussette mortelle

Pauvre Medhi.

Le petit bonhomme n'a pas eu sa chance. Né au mauvais endroit et au mauvais moment, le voilà, sept mois après son entrée dans le monde, reparti pour un monde meilleur. Avant de donner le premier coup de bistouri, je me plonge dans la lecture de son dossier.

Quelques jours plus tôt, la maman de Medhi s'est présentée aux urgences du CHU de Poitiers serrant dans ses bras son bébé totalement inconscient. Immédiatement pris en charge par l'équipe de pédiatrie, le garçonnet est dans un coma profond. Il présente de nombreuses traces de coups sur le visage, une marque de strangulation au niveau du cou. Les radiographies et les images du scanner révèlent de multiples fractures du crâne et une lésion cérébrale dite « ischémique », due à l'interruption prolongée de l'irrigation sanguine du cerveau. Privé d'oxygène, celui-ci subit des dégâts irréversibles. L'enfant décède d'ailleurs peu après.

Comme la loi l'y oblige, le chef du service de pédiatrie a alerté les services du procureur sur cette mort pour le moins suspecte. Lequel procureur m'a donc chargé de rechercher les causes de la mort, pendant que les gendarmes procédaient à l'audition des parents. Le père est rapidement mis en cause. Séparé de la mère, il avait obtenu un droit de garde lui permettant de passer quelques week-ends avec son fils. C'est en venant chercher l'enfant, le dimanche soir, que la mère l'avait récupéré en si triste état, avant de courir à l'hôpital.

Avant toute chose, je fais l'inventaire des traces visibles sur Medhi. Elles ont été soigneusement répertoriées et photographiées par l'équipe de pédiatrie, lors de l'admission aux urgences. De larges ecchymoses sur la joue droite, sous le menton, sur la pommette gauche, au bas du cou, trois autres à proximité de l'oreille gauche, d'autres au niveau de l'épaule gauche, dans le bas du dos, sur le thorax. Entre les omoplates, cinq petites ecchymoses, comme la trace de doigts ayant saisi violemment le bébé. Le cou porte une ecchymose linéaire de plusieurs centimètres laissée sans doute par un lien lors d'une tentative de strangulation. L'œil gauche est complètement fermé par un volumineux hématome. La coloration similaire de toutes ces traces indique qu'elles sont contemporaines et qu'il ne s'agit pas d'évènements séparés dans le temps. Cet enfant a été battu à mort.

Autre préalable à l'action de mon bistouri, l'examen des images du scanner réalisées lors de l'admission de Medhi, avant son décès. Les lésions sont visibles à deux mètres : une vaste fracture du crâne, qui va d'une tempe à l'autre. L'écart entre les deux bords de la fracture est de 5 à 6 millimètres. Du côté gauche, un gros fragment osseux, d'environ 5 centimètres de diamètre, est détaché de la boîte crânienne, résultant probablement d'un impact violent. Il ne s'agit là que des principales fractures. D'autres traits secondaires zèbrent le petit crâne, notamment vers les orbites et sur le sommet.

À l'intérieur, ce n'est guère brillant. Le scanner montre un volumineux hématome cérébral et un effacement des sillons normalement présents à la surface de l'encéphale, signe d'une souffrance et de dégâts irréversibles.

Il est temps maintenant de procéder à l'autopsie.

J'ai expliqué, dans mes ouvrages précédents, l'importance de la préparation psychologique pour celles et ceux qui doivent assister à une telle opération. Il s'agit d'une étape indispensable pour se préserver de la violence de l'acte, des gestes et des images qui vont s'inscrire dans la mémoire. L'autopsie est un spectacle immonde, une ultime violence qui ajoute sa barbarie à celle du meurtrier. Pour l'opérateur comme pour ses assistants, il s'agit malgré cela de conserver la capacité d'analyse scientifique nécessaire à cette phase de l'enquête criminelle. On ne fait pas de bonnes observations lorsque l'on est submergé par ses émotions.

Pour ce qui me concerne, je mets toujours à profit les instants précédant l'intervention. Cela commence par la réunion des membres de mon équipe et des enquêteurs autour d'un café. Au-delà de l'aspect convivial qui a son importance, cela permet à toutes et tous d'entrer dans l'affaire par l'évocation du dossier judiciaire. La justice nous pose des questions sur un décès, nous devons apporter des réponses en utilisant un certain nombre de techniques.

Après cette première approche, je prends le temps de l'habillement pour parfaire mon conditionnement. Je dispose de quelques minutes, car il me faut revêtir une tenue complète, conformément aux protocoles européens en matière de médecine légale, afin d'empêcher toute contamination du corps de la victime. D'autres confrères, souvent d'une génération plus ancienne, ont longtemps travaillé de façon plus « légère », opérant avec une simple blouse et une paire de gants, parfois la clope au bec, voire les mains nues. Tout cela n'est plus de mise.

J'enfile donc le pyjama de bloc opératoire, constitué d'un pantalon et d'une chemise de toile verte, puis, par-dessus, une canadienne en toile épaisse, à manches longues et fermée dans le dos. Calot sur la tête, masque sur le visage, il ne me reste plus qu'à passer ma double paire de gants. La première est en cotte de mailles, pour éviter les blessures, la seconde est une paire de gants chirurgicaux, pour éviter toute contamination.

Cette phase, qui me permet de prendre de la distance par rapport au corps, est encore plus nécessaire face à un enfant. Surtout lorsque l'on est soi-même parent. Il faut éviter dans la mesure du possible que les images du petit corps renvoient à celles de ses propres enfants. Une superposition qui peut obscurcir grandement le jugement de l'opérateur. Plus que jamais, la phase de la « chosification » du corps, le temps de l'autopsie, est cruciale. Avant et après, la dépouille est celle d'un petit être. Pendant, elle est une pièce de l'enquête sur laquelle on doit appliquer un certain nombre d'opérations prévues dans les protocoles.

Ces difficultés surmontées, il faut aussi adapter le matériel. Les outils de chirurgie traditionnelle utilisés pour la dissection de corps d'adultes sont en grande partie inadaptés à la taille des organes d'un nouveau-né. J'ai donc recours à des instruments de chirurgie pédiatrique. N'empêche, le premier coup de bistouri sur un bébé est toujours difficile. Alors chacun prend son temps. On vérifie les appareils photo et les instruments, on cale les éclairages. Ces petits gestes permettent à tous les intervenants de tourner autour du cadavre, de se préparer à la suite. Maintenant, il est temps.

Medhi est allongé sur le dos, vêtu d'une couche propre. Il porte les stigmates de la réanimation, aiguilles de perfusion et intubation encore en place, afin que je puisse bien repérer les traces liées aux gestes médicaux. Il a également une grande cicatrice sur le ventre, le procureur et la famille ayant donné leur accord pour un don d'organes. Le cœur et les intestins de Medhi ont donc été prélevés juste après sa mort. L'extraction des organes encore en place dans l'abdomen et la cage thoracique ne pose pas de problème, pas plus qu'elle ne révèle d'éléments intéressants pour l'enquête.

Je passe à la boîte crânienne, siège des violences repérées par l'examen externe. Le cuir chevelu est incisé d'une oreille à l'autre puis rabattu pour moitié sur les yeux, vers l'avant, pour moitié sur la nuque, à l'arrière. Cette opération me permet de découvrir sur la face interne du scalp une multitude d'hématomes et d'ecchymoses, bien séparés par des zones saines. Il s'agit de chocs répétés et multiples relativement récents, ce qui explique que leurs traces étaient invisibles sur la face externe de la peau. Il faut en effet quelques jours pour que le sang d'un hématome ou d'une ecchymose situés en profondeur migre vers la surface.

L'ouverture de la boîte crânienne confirme l'importance de l'hématome sous-dural : extrait et pesé, il représente 34 grammes de sang, ce qui est considérable pour un nourrisson. La pression de l'hématome a entraîné un œdème au niveau du cerveau.

Je repère également une petite infiltration de sang, sur la dure-mère, au niveau des lobes oculaires. L'examen des cavités oculaires révèle la présence d'une ecchymose sur le nerf optique gauche, signe que l'on retrouve habituellement chez les enfants secoués. Cette lésion est cohérente avec les résultats de l'examen du fond de l'œil, réalisé lors de l'admission de l'enfant aux urgences. Examen qui avait révélé la présence de plages hémorragiques dans chacun des deux yeux, systématiquement associés au secouage.

L'autopsie est terminée. Et sa conclusion, évidente, est terrible : battu à mort. Je n'ai plus qu'à rédiger mon rapport pour le procureur.

L'enquête se poursuit. Le père, soupçonné, est écroué. Interrogé sur le déroulement des faits, il donne aux gendarmes plusieurs versions. Pour faire le tri, le juge d'instruction me confie les procès-verbaux d'interrogatoire et me demande de vérifier la cohérence de mes observations avec les déclarations du prévenu.
Dans sa première version, il raconte qu'il a été agressé à son domicile par un ou plusieurs individus, pour des histoires de dette sur fond de trafic de stupéfiants. Les assaillants s'en sont pris à son fils, le saisissant par le cou pour bien montrer leur détermination, avant de partir en menaçant le père de revenir s'il ne payait pas. Cette pseudo-agression sans aucun témoin explique bien la strangulation, pas les multiples hématomes. Raté.

Le père change donc d'histoire. Cette fois, c'est la table à langer qui s'est écroulée pendant que Medhi était dessus. L'enfant est tombé et a reçu la planche sur la tête. Une scène confirmée par la maman, venue récupérer le petit à la fin du week-end. Elle a bien entendu un grand bruit, s'est précipitée et a trouvé son fils au sol, sous la table à langer. Le père ajoute que voyant son fils inanimé, il a tenté de le réanimer en lui faisant du bouche à bouche et lui appuyant sur le thorax. Mais ni la chute ni la réanimation approximative n'expliquent les lésions cérébrales et les hémorragies rétiniennes. Raté encore.

La suite se déroule bien plus tard, devant les assises des Deux-Sèvres, à Bressuire. J'arrive en pleine audience et me glisse dans la salle aussi discrètement que je le peux.

Ma secrétaire, qui dans les affaires complexes assiste souvent aux débats depuis l'ouverture du procès, me fait un rapide résumé des épisodes précédents : malgré son invraisemblance, l'accusé maintient sa version de la chute du bébé de la table à langer. Sophie a l'habitude de flairer les ambiances des assises. Aujourd'hui, elle est étonnée par la décontraction générale de la cour. La salle bavarde, les jurés sont peu attentifs, les avocats absorbés par des lectures diverses. Étrange. Il règne d'ordinaire en ces lieux gravité et tension, en raison des faits évoqués et des lourdes peines encourues. Pour mon assistante, cette atmosphère bonhomme montre que le père et son avocat ont réussi à bâtir l'image d'un papa certes un peu trafiquant, style « mais il faut bien vivre, monsieur le président », mais assumant son rôle de père et s'occupant de son fils.

À ce stade des débats, l'homme dans le box peut envisager l'avenir avec sérénité. Il ne devrait pas écoper d'une lourde peine. Mais maintenant, c'est à moi.

— Docteur, vous jurez de prêter votre concours à la justice en votre honneur et conscience. Levez la main droite et dites « je le jure ».

— Je le jure.

Je fais le compte-rendu de mes opérations, essayant d'être le plus concis possible. Je commence par expliquer aux jurés la différence entre un hématome, qui est un volumineux caillot de sang, et une ecchymose, simple infiltration sanguine des tissus. Dans les deux cas le langage commun les désigne sous le nom de « bleu ». Ces différences ont leur importance, car elles correspondent habituellement à des traumatismes d'intensités différentes.

Je fais ensuite le détail des lésions relevées sur le corps du petit Medhi. Pour chaque hématome, je montre sur mon propre corps à quoi correspond chaque terme anatomique : il faut reconnaître que l'évocation de la région interpariétale ne parle pas à tout le monde.

Puis j'explique les conséquences de la strangulation : la compression du cou a entraîné l'arrêt de la circulation sanguine du cerveau (une ischémie cérébrale) et un manque d'oxygène. Une hypoxie, dans le langage médical. Sans oxygène, les dégâts sont très rapidement irréversibles.

J'explique également à la cour le mécanisme de l'enfant secoué. Comme à chaque fois, cela me fait penser à une publicité bien connue : secouez-moi, secouez-moi… Lors du secouage, le cerveau fait des va-et-vient dans la boîte crânienne, tire sur les nerfs optiques qui réunissent les yeux et le cerveau, ce qui explique les hémorragies oculaires. Il tire aussi sur les petites veines qui le relient à la dure-mère, cette membrane épaisse collée à l'os qui entoure le cerveau ; elles se rompent, ce qui entraîne une hémorragie intracrânienne.

Je parle déjà depuis un moment lorsque je me rends compte que quelque chose a changé. Le brouhaha a cessé, les membres du jury se sont redressés sur leurs sièges, l'avocat de la défense s'agite. Sur le banc des parties civiles, la mère et les grands-parents paternels et maternels de l'enfant, jusqu'à présent silencieux et immobiles, se penchent les uns vers les autres et se parlent à l'oreille. Manifestement, la tension monte dans la salle d'audience. Il est temps pour moi de conclure : face aux jurés, j'affirme que le tableau traumatique présenté par la petite victime, tel que je viens de le décrire, ne peut être d'origine accidentelle.

L'accusé, jusqu'alors absorbé par la contemplation de ses chaussures, relève la tête. Interrogé par le président sur ce qu'il vient d'entendre, il hésite, puis revient à la version de l'agression, pourtant abandonnée lors de l'instruction. L'enquête minutieuse des gendarmes avait d'ailleurs été incapable de retrouver la moindre indication susceptible de confirmer cette hypothèse farfelue. Le président rappelle alors qu'au moment des faits l'accusé était sous l'emprise de l'alcool et de produits stupéfiants. Lequel accusé revient alors à l'histoire de la table à langer renversée. À défaut de tourner rond, ce gars-là tourne en rond.

L'avocat général n'a plus qu'à enfoncer le clou. Et il va le faire avec application, revenant minutieusement sur chacune des traces de violence détaillées lors de mon intervention. Il s'agit pour lui de mettre en pièce la théorie de l'accident et de démontrer la dangerosité de l'individu. Avec une efficacité certaine, puisqu'à l'issue des délibérations, l'accusé est condamné à 18 ans d'emprisonnement. Il fait aussitôt appel.

Trois ans plus tard, je suis donc convoqué de nouveau, cette fois devant la cour d'assises de la Roche-sur-Yon. Pas de problème, j'aime beaucoup la Vendée, même en février.

La veille de l'audience, j'ai relu soigneusement mon rapport et toutes mes notes, afin de me remettre en tête tous les détails de l'affaire. C'est que depuis l'autopsie du petit Medhi, j'ai vu passer sous mon scalpel beaucoup de cadavres. Ces petites révisions sont donc nécessaires afin de rafraîchir ma mémoire, certes éléphantesque – et ce n'est pas le seul trait commun que je partage avec le pachyderme – mais très encombrée. Heureusement chaque autopsie donne lieu à de très nombreuses photos.

Je me présente donc au jour dit après quelques heures de route dans une brume hivernale du plus bel effet. J'aime cette sensation cotonneuse qui avale le paysage. J'en ai profité pour repasser dans ma tête le déroulement de mon intervention, la même qu'à Bressuire. Je n'ai bien évidemment pas changé mon analyse des faits.

Ce n'est pas le cas de l'accusé. Au fond de sa cellule, il a eu le temps de réfléchir, et surtout de préparer ses réponses. C'est qu'il a bénéficié d'une formation accélérée en médecine légale, lors du premier procès. Il est bien décidé à en profiter.

Impassible durant mon intervention, il prend la parole dès que j'en ai terminé. Lorsque je le vois se lever dans son box, je devine une sorte d'assurance nouvelle que je ne lui connaissais pas lors de la précédente session. Je comprends vite pourquoi. Adieu la piste du racket et du mystérieux agresseur. Voici venue l'heure des vraies révélations. L'heure de vérité en plein procès, un moment exceptionnel.

— J'ai secoué le bébé, monsieur le président, mais c'était pour le ranimer car il avait perdu connaissance.

Le président questionne.

— Pourquoi avait-il perdu connaissance ?

— Parce qu'il est tombé quatre ou cinq fois de sa poussette.

— Vous n'avez jamais parlé de cette poussette, ni aux enquêteurs, ni au juge.

— Oui, mais maintenant, je vais vous dire la vérité. La poussette était le seul endroit où il arrivait à dormir, mais elle était trop grande pour lui.

— Et alors ?

— Alors quand j'ai voulu descendre dans l'escalier, la poussette s'est renversée et le bébé est tombé.

Le coquin a bien retenu ma leçon. Il s'est souvenu de mon évocation, dans mon rapport, d'une chute dans un escalier, qui aurait pu expliquer les hématomes multiples. Il ne s'agissait que d'une comparaison, et encore fallait-il qu'il s'agisse d'un enfant en âge de marcher. Medhi en étant incapable, il a imaginé le scénario de la poussette.

Le président fait toutefois remarquer à l'accusé que cela ne suffit pas, loin s'en faut, à expliquer les neuf traces de coups violents relevés par le médecin légiste sur le crâne de l'enfant.

— C'est que la poussette s'est renversé quatre ou cinq fois.

Admettons. Voilà le pauvre gosse avec quatre ou cinq hématomes. Comme le lui fait remarquer le président, le compte n'y est toujours pas. Alors, il ajoute la chute de la table à langer.

— C'est qu'il est aussi tombé de la poussette quand je l'ai descendue du trottoir, un jour.

— Un jour ou ce jour-là ?

— Heu, ce jour-là.

Les poussettes dotées de siège éjectable n'étant pas encore sur le marché, cette accumulation de chutes accidentelles semble bien peu probable. Elle n'a bien entendu qu'un seul but, tenter de dédouaner l'auteur présumé de toute responsabilité. Elle a surtout pour effet d'énerver le président, qui rappelle la dure réalité du rapport d'expertise.

— Et les traces de strangulation, vous les expliquez comment ?

L'accusé répond du tac au tac.

— La médecine, monsieur le président, c'est pas du 100 %.

Gonflé, non ?

Il a pris 20 ans de réclusion criminelle.

4 Le voleur à la carte vermeil

Il n'y a pas de caisse de retraite pour les voleurs. Alors, à 65 ans, notre homme continue d'exercer ses activités illicites. Cette fois, il a jeté son dévolu sur une belle maison bourgeoise, repérée quelque temps auparavant. Il fracture la porte, pénètre à l'intérieur et commence à faire son marché. Pas de chance pour lui. Une alarme silencieuse a détecté l'effraction. Les propriétaires, en visite chez leur fille à quelques kilomètres de là, alertés par le système de surveillance arrivent peu après. Ils ne sont guère inquiets. Ce n'est pas la première fois que cela se produit, et chaque fois pour rien. Ils avaient même demandé au technicien installateur de revenir afin de diminuer la sensibilité des capteurs.

Ils comprennent vite que l'affaire est sans doute moins habituelle. D'abord, la lumière est allumée à l'étage. Dans plusieurs pièces. Un oubli est toujours possible. Plusieurs, nettement moins. Et puis il y a la porte, qui a été forcée. Très contrariés par ces constatations, les légitimes occupants entrent dans le vestibule lorsque soudain, Pan ! Pan ! Deux coups de feu claquent. Le visiteur importun vient de leur tirer dessus, heureusement sans les atteindre. Mais au ras de la tête du propriétaire qui voit sa dernière heure arrivée.

Oscillant entre peur panique et colère, il ne laisse à son cambrioleur ni le temps de recharger son fusil de chasse, ni celui de méditer sur l'intérêt de s'armer lorsqu'on ne sait pas viser. Question de survie, il s'empare d'un club de golf qui traîne dans le porte-parapluies de l'entrée et passe à l'offensive. Le tireur riposte à coups de crosse.

Les coups pleuvent des deux côtés. Le propriétaire est en difficulté, sa femme essaie tant bien que mal de l'aider mais se prend un coup qui l'assomme à moitié. Ce court répit permet au propriétaire de préparer un superbe swing et le fer 4 manié avec une grande efficacité s'abat sur le genou du voleur qui est immédiatement expédié au sol. Lorsque la grêle de coups s'arrête, l'adversaire gît, inconscient.

Les propriétaires préviennent alors gendarmes et Samu, les uns pour s'occuper du cambriolage, les autres du cambrioleur et de ses deux victimes. Chacun son boulot. À l'hôpital, où tout le monde se retrouve, le voleur reprend lentement ses esprits, l'une des rares choses lui appartenant de façon légale. Il peut même répondre à l'interrogatoire des enquêteurs et confirme le récit des propriétaires. Oui, il est entré par effraction. Oui, il a fait usage de son arme. Non, il n'a pas fait exprès de les rater. Mais il le regrette.

— Vous avez failli les tuer !
— Ben ouais, un fusil, c'est fait pour ça !
Et de rajouter :
— C'est comme à la chasse, j'ai toujours été meilleur pour tirer de loin que de près.
— Et pourquoi avoir tiré ?
— Avec mon passé, je ne voulais pas revenir en tôle.
Sympathique personnage.

Cinq jours après son admission aux urgences puis son transfert en orthopédie pour recevoir les soins nécessaires, le cambrioleur se met à pisser orange. Problème. Les médecins suspectent la présence de sang dans les urines et demandent un scanner des reins en urgence. Rien sur les images. Pendant ce temps, les résultats des analyses biologiques tombent. Ce n'est pas du sang, mais de la myoglobine qui colore le pipi du voleur. C'est-à-dire une protéine musculaire. Sous l'effet de l'avalanche de coups, les muscles du voleur ont souffert. Ils sont en train de se nécroser, libérant leur principal constituant, la myoglobine, dans le sang. Le problème, c'est que cette protéine va bloquer le fonctionnement des reins, car elle est trop grosse pour passer les filtres. Les urgentistes qui interviennent lors des grandes catastrophes comme les séismes connaissent bien ce phénomène, ils appellent cela le « crush syndrome » ou syndrome de compression. Lorsque l'on dégage un blessé dont un membre est écrasé depuis longtemps, il se produit une brutale libération de myoglobine avec des complications fatales. L'enseveli enfin sorti des décombres a à peine le temps de remercier ses sauveteurs avant de claquer. Merci les gars.

C'est exactement ce qui arrive à notre monte-en-l'air tombé bien bas. Malgré des soins intensifs et un transfert en réanimation, il décède quelques jours plus tard. Le Parquet ordonne aussitôt une autopsie, opération que je confie à ma chef de clinique préférée (je n'en ai qu'une, donc c'est forcément ma préférée). Sans rien lui dire des évènements médicaux. C'est ça, la pédagogie.

— Cassiopée, il a été roué de coups et il est mort. Trouvez pourquoi.
— Mais je n'ai pas plus de renseignements ? Vous avez bien un scanner ?
— Non, vous n'avez droit à rien. Je ne vous dis rien, vous trouvez. À l'ancienne.

Elle découvre avec étonnement que le cambrioleur travaillait non seulement malgré un âge certain, mais en plus, avec un anus artificiel, séquelle d'une opération d'un cancer du côlon.

Je suis tranquillement assis dans mon bureau devant un dossier complexe de responsabilité médicale lorsque Sophie m'appelle. Cassiopée a besoin de moi. Classique, c'est le difficile exercice de l'apprentissage.
Un parcours initiatique que j'impose à tous les praticiens que je forme. D'abord, assister et savoir se contenter de regarder le chef dans ses œuvres. Puis apprendre à l'aider. Ensuite, si tout va bien, réviser tard le soir s'il le faut une partie de l'intervention du lendemain, celle annoncée par le chef. Le lendemain le grand jour est arrivé : dissection sous l'œil attentif du chef. Puis de dissections en dissections, arrive le jour de la première autopsie complète, toujours sous l'œil du chef. Enfin l'apprenti est lâché en solo et là, attention aux grosses bêtises : c'est la mise en moufles assurée. Douce expression mal vécue de mes élèves qui signifie que par la suite ils sont privés de bistouri et que les mains restent dans de grosses moufles. Symboliques et seulement pour quelques temps.

Aujourd'hui, Cassiopée est précisément dans ses premières autopsies en solo : le chef est dans son bureau, mais seulement pour les problèmes. Donc me voici en salle.

— Chef, à part un foie d'alcoolique et cet anus artificiel, je n'ai pas grand-chose. Je ne comprends pas de quoi il est mort.
— Et le dossier ?
— Mais vous m'aviez dit que je n'avais pas le droit.
— C'est exact. Pourquoi avez-vous obéi ?
— Je ne désobéis jamais.
— C'est bien d'être obéissant, mais si vous aviez désobéi, vous auriez trouvé. Enfin, peut-être !
— Vous exagérez !
— Pas du tout ! Il faut savoir prendre les moyens de son diagnostic. Mais là, vous ne l'avez pas fait !
— Mais vous me l'aviez interdit !
— Je ne parle pas du dossier, je parle de votre autopsie.
— J'ai oublié quelque chose ?
— *J'ai oublié quelque chose ?* Un peu, oui...

Cassiopée pique un fard et refait le tour du cadavre, contemple les prélèvements, regarde à nouveau cœur, poumons, foie, rate, reins et tripailles, sous l'œil patient mais goguenard des gendarmes qui connaissent mes méthodes d'enseignement.
— Moi, j'ai vu au premier coup d'œil. Et quand je dis coup...
— Je ne vois pas.
— Prenez du recul.
— Je ne vois toujours pas.
— Ça sent les moufles !
— Attendez ! Donnez-moi un indice !

Il y a un zeste d'angoisse dans sa voix.

— Bon. Je vous la fais « à la House ».

— « À la House ? » C'est quoi, j'ai oublié quelque chose dans la housse ?

— Vous ne regardez pas *Docteur House* ? La série télé ?

— Vous croyez que j'ai le temps de regarder la télé, avec tout le travail que j'emporte à la maison, le soir !

— *Docteur House*, ça fait partie de la formation.

Je saisis une lame-rasoir, je m'approche du corps largement ouvert et en un éclair je parcours le membre supérieur droit du sommet de l'épaule au poignet, incisant dans un seul geste peau, tissu sous-cutané, graisse et muscles jusqu'à l'os. Seul cet instrument permet une telle ouverture.

À peine mon geste terminé que la plaie s'ouvre comme un fruit trop mûr, laissant s'échapper par quantités un liquide lymphatique incolore. Mais ce n'est pas tout. L'incision fait apparaître d'énormes galettes de sang coagulé de plusieurs centimètres d'épaisseur et une couleur inhabituelle des muscles. À la place de la belle carnation « steak prêt à consommer », d'un rouge appétissant, les muscles ont pris une teinte d'un brun peu ragoûtant.

Toute à ses inquiétudes de bien faire sa dissection, Cassiopée a oublié les crevés. Il s'agit d'incisions des parties molles, la peau essentiellement mais parfois les masses musculaires, qui permettent de vérifier l'absence de traces traumatiques en profondeur, et éventuellement leur importance. Que l'on commence par eux ou non, il faut les faire dès que des lésions traumatiques sont suspectées. Or chez notre gentil cambrioleur, les ecchymoses multiples des quatre membres étaient un signe d'appel qui devait conduire à ce geste. Même sans le dossier médical, sur le seul aspect des muscles altérés par la nécrose, Cassiopée aurait pu évoquer le diagnostic. Surtout, oublier les crevés, dans certaines affaires, ça peut être mortel. Pour la réputation du légiste. C'est un coup à manquer des violences graves. Et on n'a pas toujours un dossier de réanimation pour rattraper l'affaire.

— J'ai oublié, chef.
— Ici, on n'oublie pas. Vous avez les moufles !

Personne ne pipe mot. Sophie lève les yeux au ciel, l'air de dire « pff... le chef et sa pédagogie de vieux chirurgien... ». Les enquêteurs, qui s'attendent à tout de ma part, crispent les lèvres pour éviter un sourire. Ils garderont le silence. Quant à Cassiopée, elle écrase deux larmes et baisse ses yeux humides au sol. Mais elle n'oubliera plus jamais de se poser la question : dois-je faire des crevés ? Je quitte la salle dans un silence glacial.

Le Parquet a retenu la légitime défense et classé le dossier sans suite.

5 Le schizo

Le voisin mort se signale généralement par différents critères. Il y a l'absence longue et inexpliquée dans le quartier ou une boîte aux lettres qui se remplit et ne se vide plus. Toutefois, une soudaine envie de voyage ou un départ précipité au chevet d'un membre de la famille peuvent produire les mêmes effets.

En revanche, il est un signe qui ne trompe pas. L'odeur. C'est elle qui alerte généralement les autres occupants de l'immeuble. La suite est assez classique. Arrivée sur place de la police, puis des pompiers qui sont chargés de pénétrer dans l'appartement, et découverte d'un corps en cours de putréfaction avancée. C'est en général à ce moment-là que j'entre en scène.

Je sais donc à quoi m'attendre lorsque j'arrive au pied d'un petit immeuble de Poitiers, à la demande du commissariat de la ville. Je grimpe à l'étage, salue le policier en faction devant la porte qui a été forcée et entre dans le logement. Mais où suis-je ? En quelques pas, je suis passé du monde ordinaire de la cage d'escalier à un univers totalement nouveau pour moi.

La grande pièce qui doit normalement tenir lieu de salle de séjour explose dans une débauche de couleurs et d'objets. La seule comparaison qui me vient à l'esprit est l'intérieur de certaines églises mexicaines, pleines d'ex-voto naïfs. L'espace est occupé par mille objets multicolores, des guirlandes, des verres colorés, des bougeoirs. Je distingue quelques pièces maîtresses, de fabrication artisanale mais réalisées manifestement avec un grand soin. Un autel de prière, un tabernacle en papier mâché, une Sainte Vierge dans une fausse grotte. Le tout peint dans des teintes éblouissantes.

Les policiers sont tous silencieux, immobiles et perplexes devant la scène. On jurerait des santons, à moins qu'ils ne soient figés dans leurs prières. Par contre, le technicien de l'identité judiciaire, lui, passe d'objet en objet et mitraille littéralement tous les détails avec son appareil photo.

— Le pied, doc, c'est le pied !
— Le pied ?
— Oui, doc, j'en ai toujours rêvé, mais je n'ai jamais eu le temps. Cette fois-ci, c'est bon, je tiens mon sujet.
— Votre sujet ?
— Oui, pour l'exposition du commissariat. Le grand prix de l'insolite. C'est le commandant qui organise ça. Le premier prix est exposé dans le couloir des cellules de garde à vue. Sympa, non ?

L'œuvre majeure de cet ensemble chatoyant trône au milieu de la pièce, installée sur une table basse : une pierre tombale en modèle réduit, d'environ un mètre de long par 50 centimètres de large. Chose étrange, la fausse pierre de papier mâché, parfaitement rectangulaire du côté des « pieds », se termine à l'opposé par l'émergence de deux épaules, avec deux bras en croix et une tête. D'après les policiers, les traits du visage reproduisent grossièrement ceux du défunt. La tombe peinte en blanc porte une inscription en guise d'épitaphe : « J'ai peur. Je me suis tué. »

Après l'exploration de cet antre unique en son genre, je passe dans la chambre à coucher d'où émane la violente odeur qui a fort incommodé les voisins. Il y a de quoi, d'ailleurs. Le corps, qui est coincé sur son côté gauche, dans l'étroit espace compris entre la cloison et le lit, est très largement putréfié. Vêtu seulement d'un short, il suinte de tous ses pores, tandis que de grosses bosses de la taille d'un bol s'agitent sous sa peau. Les asticots sont en plein festin, mais je suis le seul à les avoir vus.

— Il y en a qui pêchent, ici ?
— Oui, moi. J'adore la pêche à la truite. Je fais mes mouches moi-même.
— Ouah ! Et les asticots ?
— Non, les asticots je n'aime pas, c'est dégueulasse.
— Dommage…

Reste à sortir le macchabée de là. L'un des policiers repousse le lit afin de dégager l'accès. Le corps bascule sur le ventre dans un bruit flasque et mouillé. J'enfile mes gants les plus solides, j'empoigne les deux chevilles du cadavre et je tire afin de le faire glisser sur le parquet.
Oups, la peau pourrie des deux chevilles et des pieds me reste dans les mains. Je dois m'y reprendre à trois fois et demander l'aide des agents présents. Après de longs et pénibles efforts, le corps est enfin extrait de sa cache. Au passage, quelques-unes des poches de vers n'ont pas résisté au frottement sur le sol et ont éclaté.

Leurs occupants, brutalement libérés, s'agitent maintenant sur le parquet, au grand désespoir des policiers qui battent en retraite. En particulier notre pêcheur à la mouche.

— Où est l'identité judiciaire ?
— Ici, ici. Vous avez besoin de moi ?
— Non, c'est pour votre grand prix... Regardez, ils ont donné le départ ! Il ne leur manque que le numéro sur le dos.

Effectivement la rupture des poches a marqué le début d'une course désespérée des asticots sur le sol, à la recherche d'un abri qui les mette hors de portée de la lumière. C'est à qui rampe le plus vite. Ils laissent sur le parquet des traînées comme autant de sillages sur une mer d'huile. On jurerait une compétition de hors-bords.

— Oh oui, excellente idée, doc ! Je vais faire un montage en incrustant des dossards sur les photos.

Et de se précipiter à genou sur le parquet pour prendre des clichés en macroscopie, écrasant au passage quelques concurrents.

Indifférent à cette compétition asticotière, je retourne mon client sur le dos, en position de gisant, pour procéder à l'examen externe. Évidemment, il n'a plus rien à voir avec ses photos d'identité. Il ressemble désormais à tous ses congénères morts dans l'oubli et par forte chaleur. Visage violacé et bouffi, lèvres boursouflées, cavités oculaires grouillant de vers blancs. Je note la trace d'une croix tatouée sur son thorax, encore visible sur le fond grisâtre de la peau putréfiée et de deux autres sur les bras. Ce sont d'ailleurs les seuls éléments permettant d'identifier le mort, grâce aux dossiers du commissariat. Interpellé à plusieurs reprises pour des violences, l'homme a fait l'objet de poursuites.

Sa fiche mentionne ainsi la présence de ces trois croix tatouées.

Dans la fouille de l'appartement, les policiers retrouvent des ordonnances et de nombreux médicaments antipsychotiques. Le garçon était suivi par le service psychiatrique de l'hôpital, et connaissait régulièrement des épisodes délirants. Son traitement comportait de puissants remèdes, capables d'assommer un cheval en cas de léger dépassement des doses prescrites. Sur la table de la cuisine, deux bouteilles de rhum et une autre de vodka vides et le ticket de caisse attestant de leur achat simultané il y a une dizaine de jours.

Le cocktail alcool-médicaments étant un grand classique au bar des suicidés, la présomption d'un acte délibéré prend forme, renforcée par l'épitaphe de la tombe en carton.

La raison de ce geste, toujours complexe à élucider chez les désespérés, se trouve en première page du journal local, posé en évidence sur un fauteuil. Trois ans plus tôt, à Pau, un psychotique a assassiné une infirmière et une aide-soignante dans les couloirs de l'hôpital psychiatrique de la ville. Le procès de l'assassin doit avoir lieu dans quelques jours et nourrit depuis des semaines un vif débat sur la culpabilité des fous criminels. D'où le titre en gros caractères qui s'étalent en pleine page : « Que faire des schizophrènes dangereux ? ». La suite de l'article évoque l'internement d'office des sujets les plus atteints. A-t-il eu peur de se retrouver enfermé en psychiatrie ? A-t-il craint, lui aussi, de devenir un assassin au cours de ses délires ? Toujours est-il qu'il a préféré prendre le large, définitivement.

6 Homme battu

D'Angoulême, capitale de la bande dessinée et préfecture de la Charente, je connais surtout le palais de justice. Le bâtiment massif, construit dans le style néoclassique en vogue au début du XIXe siècle, domine l'une des places les plus animées, au cœur de la vieille ville. Mais je dois avouer que ce genre d'architecture d'inspiration gréco-romaine, avec colonnes, frontons et portique, n'est pas de nature à me faire parcourir 120 kilomètres au volant de ma voiture rien que pour le coup d'œil. Si je fréquente l'endroit, c'est uniquement par obligation professionnelle.

Car le travail du légiste ne s'arrête pas au sortir de la salle d'autopsie. Dans les affaires criminelles, l'expert est tenu de venir à la barre du tribunal ou de la cour d'assises pour présenter ses conclusions et répondre aux multiples questions : celles du président, de l'avocat général, des avocats des parties en présence... et éventuellement des journalistes, une fois la déposition achevée.

C'est ainsi que je me faufile discrètement, ce matin de mai, dans la salle où se tiennent les débats. Il est toujours utile d'arriver en avance sur l'heure de convocation, de préférence lors de la déposition des enquêteurs. Cela permet, le plus souvent plusieurs années après les faits, de prendre connaissance des informations les plus récentes, des derniers développements de l'enquête. Cependant, n'ayant pas les moyens de bloquer des journées entières à attendre mon tour sur un banc le plus souvent inconfortable, je m'invite souvent en pleins débats. D'où la nécessité de ne pas me faire remarquer à l'entrée dans le tribunal en pleine session.

Concentré sur cette obligation de discrétion, attentif à ne pas faire grincer le vieux parquet, à demi plié en deux pour tenter d'effacer ma silhouette, je me dirige vers une place libre, mon dossier sous le bras. L'attention du public est heureusement mobilisée par les propos d'un homme qui se tient à la barre, faisant ainsi diversion durant mon intrusion.

Me voilà assis. Je relève la tête et là, c'est le choc.

Le box des accusés est vide. Mais ce n'est pas tout. Je ne vois personne sur le banc de la partie civile. Pire encore, aucun juré ne siège aux côtés de la présidente et de ses deux assesseurs. En un éclair, le doute m'assaille, bien que n'étant pas d'origine kenyane. Me serais-je trompé de date, d'affaire ou même d'endroit ? Persuadé de ma méprise, je m'apprête à repartir lorsque la présidente, qui m'a reconnu et a deviné mon mouvement, m'interpelle.

— Ne partez pas, docteur, c'est bientôt à vous, nous sommes en avance.

Je ne comprends toujours pas. Devant mon air ahuri persistant, la magistrate fait œuvre de pédagogie à mon endroit.

— Madame X comparaissait libre mais elle ne s'est pas présentée ce matin. Alors, comme le prévoit la procédure du défaut criminel[1], nous débattons dans cette formation et en l'absence de l'accusée.

Le temps d'intégrer cette nouvelle disposition dont j'ignorais tout, l'esprit encore chamboulé, voilà que la présidente m'appelle à la barre. C'est donc face à quelques sièges occupés et beaucoup de chaises vides que je livre le résumé de mes expertises.

L'affaire commence avec l'arrivée sur la table d'inox du corps d'un homme de 37 ans. Encore un qui n'avait pas pris rendez-vous… Les morts manquent de savoir-vivre. Mais, décédé dans le service de réanimation du CHU, quelques étages au-dessus de mon bureau, nous ne pouvons pas le mettre à la porte, n'est-ce pas ?

Avant de pratiquer l'autopsie, une petite synthèse avec les enquêteurs m'informe de l'essentiel. Avec toutes les précisions indispensables à une affaire d'une gravité particulière. C'est dire le luxe de détails auxquels j'ai droit. Jugez-en.

Fin octobre, à Angoulême, il est 13h25 lorsque Françoise X. appelle le médecin de quartier : son ami Jean P. a été agressé. Il saigne de l'oreille et elle ne parvient pas à arrêter le saignement. Le praticien propose illico au couple de passer à son cabinet. Il les

---

1 La loi du 9 mars 2004 a modifié la tenue du procès d'assises. Avant cette réforme et dans les mêmes circonstances, la cour constatait l'absence de l'accusé à l'ouverture du procès et le condamnait immédiatement « par contumace » à la peine maximale prévue par le Code pénal.

reçoit à 13h45. L'homme explique que la veille, vers 23 heures, il a reçu des coups de poings, de pieds et un coup de couteau. À l'oreille. Il a l'impression de moins bien entendre et se plaint de maux de tête.

Le médecin examine le blessé, cherchant le moindre signe de lésion neurologique : les chocs à la tête, c'est dangereux. Rien de ce côté : le patient se tient droit sur ses jambes et il a un discours cohérent. Un équilibre un peu instable, mais l'haleine est avinée ; à cette heure, cela n'a rien d'anormal, n'est-ce pas ?

L'examen à l'otoscope ne montre aucune atteinte des tympans. En revanche, le médecin note de multiples hématomes du visage, sur le tronc et les deux bras. Et des éraflures superficielles sur une cuisse. Une petite plaie de l'oreille gauche saigne encore, qu'il suture rapidement. Le tout a duré une vingtaine de minutes.

Le praticien se lave les mains et s'installe à son bureau pour rédiger une ordonnance lorsque Françoise X. se plaint à son tour, exhibant sa main droite presque entièrement bleue. Pour protéger son ami de ses agresseurs, elle a donné des coups vigoureux et voilà le résultat. Le toubib examine la main et l'hématome, puis lui conseille vivement d'aller passer une radiographie, qu'il va d'ailleurs lui prescrire. Mais il commence à s'inquiéter.

L'homme à l'oreille coupée n'a pas l'air d'aller très bien. Il a viré son teint vers un blanc-vert du plus bel effet, a le temps d'énoncer : « Docteur, j'ai très mal à la tête. J'ai de plus en plus mal, je vais vomir », puis illico le démontre, au cas où on ne le croirait pas, en expédiant d'un seul coup le contenu de son estomac sur la moquette du cabinet médical.

Un « merde » retentissant jaillit à son tour de la

bouche du médecin qui, *in petto*, se maudit une fois de plus de ce choix stupide. Finalement, un bon linoléum aurait été mieux. Mais il se rassure rapidement : cette fois-ci, il lui semble bien qu'il n'y a que du liquide, un liquide visqueux, entre rouge et noir.

Le Rouge et le Noir, tout un programme, ses lectures d'adolescent, ses premiers émois par procuration…

Mais finalement, sur la moquette tête-de-nègre, cela posera moins de problèmes.

Sauf que là, le patient s'est effondré dans son vomi. Et qu'après une meilleure observation, le médecin a une certitude : le dernier repas devait être du civet de lapin, vu les débris de viande, de champignons et de patates dans lesquels le malade fait ses convulsions. Avant d'en rajouter une couche dans un grand lâcher d'urines. Une pleine vessie, odorante à souhait !

Un nouveau « merde » fuse et dans la foulée le praticien, maître de ses sens, comme tout bon ancien interne de réanimation, submergé par le mélange des odeurs, bloque désespérément son repas de midi tout juste pris au ras des amygdales. Obligé de ré-avaler ou à défaut d'en rajouter une couche. C'est mal parti, faut évacuer. Il ravale, puis appelle le Samu qui arrive toutes sirènes hurlantes. Mais dans l'intervalle, le coma s'est aggravé.

Lorsque 20 minutes plus tard le véhicule quitte son cabinet, le médecin pense enfin à ouvrir les fenêtres pour dissiper l'odeur de vomi. Il lui reste à calmer les patients qui s'entassent dans la salle d'attente : mais celle-ci est vide. Forcément, entre l'agitation, le Samu, les cris perçants de Françoise : « il va mourir, il va mourir, faites quelque chose » et les odeurs, son bureau qui ressemble à un champ de bataille, les clients sont partis à la concurrence. Et d'ailleurs, Françoise, elle est où ?

Le dialogue intérieur est à l'image du patient : en piteux état. « Pff... partie, Françoise ! Putain, quelle journée ! Bon, reste à nettoyer la moquette... Mais avant, un p'tit Kawa... après le coma, prends un moka, comme on disait en réa. »

Au centre hospitalier d'Angoulême, on s'active autour de l'arrivant. Son « score de Glasgow », qui évalue la gravité du coma et non le dernier résultat de l'équipe des Ranger's, est de 5. Pas terrible, sachant que l'on va de 15 pour un état normal comme vous et moi avant l'apéro, à 3 pour un état désespéré, un quasi-mort du cerveau. En tout cas, un cerveau lent.

Le patient est intubé, ventilé, tandis que le scanner révèle la présence d'un hématome sous-dural. Un gros caillot de sang s'est formé entre le cerveau et son enveloppe, la dure-mère, comprimant progressivement l'encéphale. Le pronostic est très mauvais. Jean P. est rapidement évacué par hélicoptère vers le Centre Hospitalier Universitaire de Poitiers.

À 17h40, le patient est admis dans le service de neurochirurgie, dans un coma très profond. Un nouveau scanner indique que l'hématome s'aggrave, la compression du cerveau menace de provoquer un « engagement ». Mais contrairement à celui de l'armée qui vous laisse une chance de survivre, ici, l'engagement, c'est toujours mortel. Sous la pression, le cerveau cherche à sortir de la boîte crânienne par la seule voie disponible, le trou occipital situé à la base du crâne, par lequel passe la moelle épinière, quitte à s'insinuer sous forme de bouillie. Couic ! C'est la mort assurée, et sans la prime.

Les chirurgiens tentent alors l'opération de la dernière chance, en perçant un trou dans la boîte crânienne du patient afin de drainer l'hématome et de soulager un peu le cerveau. L'opération se passe bien mais ne semble pas apporter d'amélioration. Un classique du genre. L'homme reste plongé dans le coma. Après trois jours sans signe d'amélioration, un nouveau scanner est pratiqué. Le résultat est sans appel : si l'hématome s'est considérablement réduit, en revanche, une hydrocéphalie aiguë s'est déclarée. Le cerveau, en réaction à l'attaque dont il est l'objet, s'est mis à sécréter de grandes quantités de liquide céphalorachidien. Un nouveau drain est mis en place afin d'évacuer le liquide et de faire baisser la pression sur l'encéphale. Mais la situation générale est trop dégradée et malgré tous les soins prodigués, l'homme perd sa dernière chance et décède cinq jours après avoir consulté son médecin.

Fin de l'histoire. Je vous l'avais dit, les enquêteurs aiment les précisions. Et un légiste doit savoir les écouter. Pas question d'aller à l'essentiel au risque d'oublier un détail capital. Du coup, s'agissant des suites d'une agression, l'autopsie s'impose.

Je commence par l'examen externe. L'avantage d'un patient de neurochirurgie qui décède à l'hôpital, c'est qu'il a une tenue réduite au minimum : une veste d'hôpital, ouverte en arrière, facile à ôter. Un beau gain de temps. L'inconvénient, ce sont les traces de stimulation : plusieurs fois par jour, un petit pincement ici ou là recherche une réaction à la douleur et au passage laisse une ecchymose supplémentaire. D'où le travail supplémentaire. Finalement, en dehors des suppléments médicaux, je compte plus de vingt hématomes qui parsèment le corps de la victime. Sur le visage, le dos, l'épaule droite, le flanc gauche, les jambes, les cuisses, les testicules. Ouille. Il a dû tomber sur un casse-couilles.

Toutes ces lésions ont les mêmes couleurs, elles sont donc contemporaines les unes des autres.

La dissection complète du corps et l'examen des viscères n'apportent pas d'autres renseignements notables, excepté un foie monstrueux de cirrhose chronique. Et le crâne, bien sûr : le cuir chevelu une fois décollé montre, sur sa face interne, de multiples hématomes indétectables dans les cheveux. Une fois le crâne ouvert, je retrouve tout l'historique des lésions du cerveau inscrit dans le tissu cérébral.

J'oubliais : il existe une petite érosion d'une arcade sourcilière.

Dans mes conclusions, j'indique que l'autopsie retrouve de nombreuses lésions traumatiques caractéristiques d'une agression. Que trois régions ont été particulièrement visées, à savoir, la tête, le tronc et les parties génitales. Qu'enfin, les coups portés sur la tête sont à l'origine du décès. Je n'ai plus qu'à expédier mon rapport au procureur et à passer à autre chose.

Pendant que je m'absorbe dans la contemplation des entrailles de mes contemporains, non par vice ou par superstition, mais uniquement sur demande d'un magistrat (et sur rendez-vous de préférence, s'il vous plaît), les policiers d'Angoulême se lancent sur les traces des agresseurs de Jean P. Et très vite, c'est un autre scénario qui se dessine.

Ils commencent par mieux cerner les personnalités de la victime et de sa compagne, deux paumés, alcooliques et misérables, habitués des disputes et des coups. Ils découvrent ainsi que trois ans avant, la mère du monsieur, une vieille dame de 73 ans à l'époque, avait écrit au conciliateur de justice pour se plaindre du comportement violent de la concubine de son fils. Certificat médical à l'appui, attestant de contusions de l'oreille et de la tempe droites, associées à des épisodes de vertiges, le tout justifiant d'une incapacité de travail de trois jours. Ce qui, pour un type au chômage depuis des années, n'est somme toute qu'une évidence. La maman demandait donc, fort de ce témoignage, que l'on protège son grand fils.

Autre découverte des enquêteurs, le fameux Jean P. est passé par les urgences de l'hôpital d'Angoulême le jour de son agression. Interrogée, sa compagne explique qu'après avoir bu une bouteille de pastis à deux, ou une bouteille de whisky chacun, ou l'inverse, elle n'est plus très sûre, le couple était parti passer la nuit à l'hôtel « L'Épi d'or ». Ils prenaient toujours la même chambre, la 106. Ils auraient bien voulu la chambre 69, pour des raisons évidentes, mais ce numéro n'existait pas. C'était leur refuge de beuverie, lorsqu'ils voulaient échapper au regard désapprobateur de la mère de Jean P. qui les hébergeait habituellement. Elle avait pris le volant, s'était garée devant l'hôtel. C'est en descendant de voiture qu'il était tombé. Quelqu'un avait appelé les pompiers. Jean s'était retrouvé à l'hôpital.

Le dossier médical saisi par la police est aussi précis

et fourni en détails que les procès-verbaux des enquêteurs. Il fait état d'une admission à 20h36, de soins mineurs pour une légère abrasion de la peau et une petite bosse de l'arcade sourcilière droite. Le médecin de garde avait noté une « ivresse modérée sur fond d'éthylisme chronique », rien d'inquiétant, permettant à Jean P. de repartir à 22h35, sur ses deux pieds, avec un peu de vaseline sur l'arcade.

Le couple a repris le programme prévu à l'endroit où il s'était arrêté. À l'hôtel. Ils sont enfermés dans leur chambre et ont bu, avant de se disputer puis d'en venir aux mains. Enfin, aux poings. Et aux pieds.

Françoise en convient devant les enquêteurs, expliquant qu'elle a ouvert les hostilités : « C'est moi qui ai mis le premier coup de poing dans la figure de Jean. » Puis elle a mis le paquet, alternant les coups au visage et à la tête, avant de frapper son ami, tombé au sol, à coups de pieds.

Après cette querelle d'amoureux, les deux tourtereaux se sont endormis dans le même lit. Comme si de rien n'était. Le lendemain, ils sont rentrés chez la mère de Jean P., inventant l'histoire de l'agression pour justifier devant la vieille dame la tête de punching-ball de son fils. La suite, ce sera la visite chez le médecin, le coma et la mort.

Mise en examen pour coups et blessures ayant entraîné la mort sans intention de la donner, Françoise X. est écrouée à la prison d'Angoulême pendant quelques mois. Le temps pour le juge d'instruction de l'entendre et aux experts chargés d'étudier sa personnalité de mener à bien leur mission. Le tableau qu'ils brossent est accablant. Mère alcoolique et violente, père inconnu, enfance saccagée par les coups. À 16 ans, la gamine picole, s'enfuit avec le facteur pochetron du coin, passe dans les bras d'un autre homme qui lui fait un enfant qu'elle délaisse, vit du RMI. Enfin, elle rencontre Jean P. Son alter ego dans la mouise, un chômeur alcoolique plaqué par son épouse et qui vit chez maman. Ensemble ils vont boire, se battre et se réconcilier, faire l'amour vache, jusqu'à la rixe fatale de l'Épi d'or.

Un an après l'autopsie de la victime, alors que l'instruction se poursuit, je suis de nouveau requis par le magistrat pour une expertise complémentaire. À partir des éléments du dossier d'instruction, deux questions doivent trouver une réponse. La mort de la victime est-elle consécutive aux coups reçus tels que décrits par la personne mise en examen ? Le premier traumatisme, lors de la chute sur le trottoir devant l'hôtel, a-t-il pu avoir des conséquences et être en lien avec le décès ?

Pour répondre à la première question, je reprends les déclarations de Françoise. Elle a bien frappé sur le torse, au visage et à la tête. Beaucoup, sur la tête. Et violemment. De toutes ses forces. Sur toutes ces zones cibles, l'autopsie a relevé la présence de multiples hématomes. Ces traumatismes graves ont ébranlé le cerveau, causé l'hématome sous-dural et abouti au décès.

Pour la seconde question, j'ai de la chance. Le compte rendu d'examen du médecin des urgences de l'hôpital d'Angoulême ne mentionne pas de perte de connaissance, aucune atteinte neurologique. La chute devant l'Épi d'or a été bénigne, juste une érosion de la peau. S'il s'est retrouvé à l'hôpital c'est qu'il était bourré grave.

Je n'ai aucun doute : il existe une telle disproportion entre les deux traumatismes que la mort résulte bien des coups portés à la tête.

C'est ce que j'explique à la barre de cette cour d'assises « allégée », en l'absence de l'accusée qui a profité de sa remise en liberté sous contrôle judiciaire pour jouer les filles de l'air. Mon petit topo terminé, ne voyant pas quelle question on pourrait me poser, j'attends l'autorisation de quitter la barre lorsque l'avocate de la défense se lève et m'apostrophe.

— Monsieur l'expert (c'est souvent comme cela que les avocats nous appellent, à la barre), vous n'êtes pas sans connaître les recommandations du CHU de Poitiers pour la prise en charge des traumatismes crâniens chez les alcooliques.

J'ai un peu de mal à comprendre le sens de sa question. D'autant que ce genre de texte, des recommandations de ce type, il en existe des centaines au sein du CHU, regroupées dans la rubrique « Docuthèque » de l'Intranet. Cela va de la radioprotection en milieu hospitalier aux bonnes pratiques de traitement des escarres en passant par les formalités à réaliser à la chambre mortuaire. Là, j'ai un trou de mémoire. Le tout, c'est de gagner un peu de temps pour répondre.

— Si vous pouviez nous en rappeler le contenu...

— Bien sûr, docteur. Le document du CHU de Poitiers, diffusé à tous les hôpitaux de la région, y compris celui d'Angoulême, prévoit que tout traumatisme crânien sur une personne en état d'alcoolisation aiguë doit être hospitalisé car il existe toujours la possibilité d'un hématome sous-dural post-traumatique.

Je me demande où elle veut en venir, lorsqu'elle abat sa carte.

— Ne pensez-vous pas que la chute de la victime sur l'arcade sourcilière, la veille de son coma, est à l'origine de l'hématome sous-dural ?

Bon, ça va, j'ai compris. Je reprends tout depuis le début. J'explique que pour engendrer une lésion cérébrale de type hématome, il faut un choc suffisamment violent pour ébranler le cerveau. Que cet ébranlement entraîne illico une perte de connaissance, même brève. Or ce signe important n'est pas mentionné sur le compte rendu d'intervention des pompiers, qui note au contraire « absence de perte de connaissance ». Donc on peut écarter une relation entre la chute bénigne de l'Épi d'or et l'hématome sous-dural.

Mais l'avocate insiste, alors je recommence. En expliquant la disproportion entre les deux traumatismes. Et en rajoutant que si on devait hospitaliser toutes les personnes alcoolisées qui se tapent un peu le crâne, les vrais blessés resteraient à la porte des urgences.

Rien à faire. On refait un tour avec la même question et… la même réponse. Deux fois. J'en connais des moins patients que moi qui ont malgré tout accepté cette ronde infernale pendant une heure et demi. Ils s'en souviennent encore.

Et reblochon[2] :

---

[2] Référence culinaire. Le nom de ce savoureux fromage vient du terme savoyard re-blocher, utilisé au XVIe siècle pour « traire une deuxième fois ».

— Monsieur l'expert, je vais reformuler ma question. Pouvez-vous exclure que la chute de la victime sur l'arcade sourcilière, la veille de son décès, est à l'origine de l'hématome sous-dural ?

Pff..., maligne, l'avocate... Entraîner, exclure... Je ne suis pas sorti de l'auberge. Et on tourne en rond. Cela commence à m'agacer sérieusement. La présidente s'agite sur son siège, craint pour la qualité des débats mais laisse faire : nous sommes entre pros et il n'y a pas de jurés que cela pourrait troubler.

Mais je ne suis pas dépourvu de ressources. « À lapin, lapin et demi » comme on dit dans mon service, depuis les aventures de Marie et du lapin en peluche[3]. Alors, pour en finir, je fais finement remarquer que l'arcade sourcilière fait partie du visage, et non du crâne. Et qu'en conséquence, la première chute a entraîné un traumatisme facial, et non crânien. L'argument est un peu limite, son utilisation tordue, mais il me permet de m'en sortir. Scotchée, l'avocate garde la bouche ouverte un court instant, hésite, prise de court, se ravise et s'assied. Moi, je suis ravi et toujours debout. La présidente, qui, elle, est restée assise[4], a un large sourire, me remercie et me libère.

Chouette, une demi-journée de perdue... Car il faudra revenir. Si on met un jour la main sur Françoise.

---

3 Voir le chapitre « Le gendarme et le lapin » dans *Chroniques d'un médecin légiste*, Jean-Claude Gawsewitch Éditeur, Paris, 2009.
4 Attention, ce n'est pas pour cela qu'on l'appelle la présidente des assises, même si habituellement un jury complet comprend des femmes.

Je rentre à Poitiers la conscience en paix avec le sentiment du devoir accompli. Le soir même, la cour d'assises d'Angoulême condamne Françoise à 9 ans d'emprisonnement et délivre un mandat d'arrêt à son encontre.

Quelques mois plus tard, la fugitive est interpellée à Limoges, à la suite d'un banal contrôle d'identité, et aussitôt incarcérée pour être rejugée, cette fois en sa présence.

Je suis donc de nouveau prié de me présenter devant la cour d'assises. Je ne manque pas, dès mon arrivée, de m'assurer au premier coup d'œil que tout le monde est là. Rassuré par l'affluence dans tous les secteurs de la salle d'audience, je me glisse jusqu'aux premiers rangs. J'ai repéré une place libre à l'extrémité du banc, presque contre le mur, du côté du box des accusés. Je m'assieds, pose mes petites affaires et lève la tête.

D'un coup, je me fige. Quelque chose ne colle pas. J'ai dû me tromper. Décidément, cette affaire est une horreur. D'où je suis, je ne vois l'accusé(e) que de dos, mais pas de Françoise à l'horizon. Manifestement, l'accusé(e) est un homme. Cheveux ras, très ras, cou de taureau, épaules de déménageur, ses mains sont de vrais battoirs. Qu'est-ce que fout ce type, là, assis entre deux policiers ? Ou alors, il y a eu un rebondissement dans l'affaire. Style l'apparition d'un nouveau protagoniste dont j'ignore tout. Cela s'est déjà vu. L'angoisse m'étreint, moi qui ne suis pourtant pas abonné de la SNCF.

Quelques instants plus tard, la présidente m'appelle à la barre pour déposer. Au passage, je jette un œil à l'accusé. Tiens, il a le visage glabre. Et de face, je devine un soutien-gorge. Pff..., sacré morceau la Françoise... Car c'est bien elle !

Mon rapport va prendre toute sa signification face à la carrure imposante de l'accusée. Alors que j'énumère la liste des hématomes relevés sur la victime, les jurés n'ont aucun mal à imaginer la violence des coups portés par cette force de la nature. L'avocate tente un désespéré : « Monsieur l'expert, je connais par avance votre réponse (chouette, elle a gardé la mémoire et se souvient de notre petite joute), mais pourriez-vous nous exposer le rôle qu'a pu jouer la chute devant l'Épi d'or ? »

Je m'exécute de bonne grâce.

Finalement, Françoise prend 8 ans d'emprisonnement, sauvée d'une peine plus lourde par son enfance difficile et son parcours chaotique.

7 Coupe faim

Mes patients sont rarement récalcitrants. Et si j'ai parfois du mal à les manipuler sur ma table en inox, ce n'est pas du fait de leur mauvaise volonté, mais le plus souvent à cause de leur poids. Mon équipe a encore en mémoire l'autopsie d'un obèse de près de 160 kilos, réalisée dans nos locaux. Ce ne fut pas une mince affaire.

Cette fois, c'est à une autre opposition que je suis confronté. Une sorte de refus d'obtempérer *post mortem* qui a d'abord obligé le transporteur funéraire à bricoler le sac mortuaire, la victime ne tenant manifestement pas à y entrer. Il faut reconnaître que la housse à cadavre a été conçue pour contenir un gisant, du genre plus ou moins allongé. Pas un type coincé en position assise.

Le capitaine de police présent sur les lieux lors de la découverte du corps m'a prévenu, en m'annonçant par téléphone l'arrivée du colis. « Docteur, c'est un truc pas ordinaire. » Il m'a raconté l'histoire de ce propriétaire d'un modeste appartement, dans le centre de Poitiers, inquiet de ne plus avoir de nouvelles de son locataire et de ses six mois de loyers impayés ; la visite au domicile, la porte fermée, le silence malgré les coups de sonnette et l'appel aux pompiers pour défoncer la porte. Il m'a surtout dit la surprise des sapeurs, en se retrouvant nez à nez avec un type tout noir, assis sur la cuvette des toilettes, la porte grande ouverte, face à l'entrée. Et surtout, ce regard, ces deux grands yeux tout blancs fixés sur eux.

En habitués de ce genre de découverte, les premiers entrants ont froncé le nez, s'attendant au pire rien qu'à la couleur du mort. À l'un de ces cadavres pourris, noircis par la décomposition, qui font le malheur des fosses nasales. Mais non. Pas la moindre odeur nauséabonde, pas le plus petit grouillement d'asticots. Seulement le cadavre momifié d'un pauvre Africain, saisi par la mort lors de son ultime satisfaction d'un besoin naturel. Comme Elvis Presley, la banane en moins.

Les enquêteurs ont tôt fait d'éclaircir le mystère de la momie noire. D'après le courrier retrouvé intact dans sa boîte aux lettres, la mort remonte à six mois au moins. On est en avril. Ce qui fixe le décès aux environs de novembre. Or l'hiver a été glacial, tout comme ce début de printemps, et l'occupant n'ayant pas réglé sa facture d'électricité pour cause de départ inopiné et définitif, EDF a coupé le courant. Le froid a pris possession du logis et de son occupant à titre posthume.

La momification par le froid est un processus connu, mais relativement rare. Il existe quelques cas célèbres, comme celui de ce bébé mammouth exhumé en 1997, parfaitement conservé après avoir passé 43 500 ans dans le sol gelé de Sibérie. Ou celui de Ötzi, un homme retrouvé sur un glacier italien en 1991, 5000 ans après sa mort, momifié avec armes et bagages, livrant aux archéologues un témoignage unique de la vie de nos ancêtres de l'âge du cuivre. C'est ce même processus qui a œuvré, mettant le corps du défunt à l'abri de la putréfaction et des attaques d'insectes.

Reste toutefois pour les policiers présents sur place à établir les causes de la mort. Pas de traces d'effraction sur la porte d'entrée, pas de traces de lutte dans l'appartement, quasiment vide et parfaitement ordonné. Pas de taches de sang sur le sol ou les murs, pas de blessures apparentes sur le corps. Même la cuvette des W.-C. est indemne de tout indice. La piste criminelle semble sans issue, mais comme chaque fois qu'une mort inexpliquée frappe une personne jeune, le procureur de la République ordonne une autopsie.

À moi de jouer.

La housse à peine ouverte, je comprends la surprise des pompiers. C'est mon tour d'être saisi par ce regard terrible, ces deux globes immaculés qui semblent me fixer depuis l'au-delà. Surtout que personnellement, je préfère regarder dans une bonne eau-de-vie, style vieux Calva. Question de philosophie. Cherchant à savoir ce qu'il était advenu des pupilles, j'y regarde de plus près. En fait, si le bonhomme est indemne de toute attaque de parasite, il a les yeux recouverts de champignons. Une couche blanche, d'aspect feutré, épaisse de 2 à 3 millimètres, s'est développée sur la surface des globes oculaires, lui donnant ce regard de revenant.

Une fois déballé, il me faut installer l'individu, qui est toujours en position assise. Et le reste désespérément.

Imaginez le spectacle ! Ce contraste de la peau noire et du brillant de l'inox, cet homme assis comme attendant qu'on lui demande de s'allonger pour se faire ouvrir, ces yeux blancs fixes et sans pupilles...

La momification a tendu la peau, les tendons et les muscles, du moins ce qu'il en reste, bloquant tout mouvement des membres. Pas moyen de l'allonger, sinon en sectionnant quelques tendons au niveau des articulations.

Facile à dire. À mon premier coup de bistouri, la lame se casse net sans même entamer la peau plus dure que le cuir le plus vache. Je dois m'y reprendre à plusieurs fois pour parvenir enfin à lui coller le dos sur l'inox de la table de dissection. Ce qui me permet de constater que le défunt était de grande taille, pas loin du mètre quatre-vingt, voire un peu plus. En revanche, au vu de ce qu'il en reste, il ne devait pas peser bien lourd, moins de 40 kg.

La grande incision classique, de la base du cou jusqu'au pubis, révèle un tableau digne des meilleurs embaumeurs égyptiens. Tous les organes sont là, complètement déshydratés mais parfaitement conservés, sans un gramme de graisse. À croire qu'il suffirait de réhydrater l'ensemble pour faire repartir la machine.

Mon examen, s'il offre à mon équipe l'occasion d'une exceptionnelle leçon d'anatomie, ne me permet pas de conclure sur les causes de la mort. Pas de trace d'agression, pas de pathologie. La seule explication qui me semble plausible se rapporte à l'extrême maigreur de ce garçon. Une dénutrition sévère est sans doute à l'origine de ce décès. D'ailleurs, lorsque j'évoque cette possibilité devant les policiers, ils ne s'étonnent pas.

Cela concorde avec le dénuement du logis, meublé en tout et pour tout d'un pauvre matelas et d'une table de camping, sans la moindre trace de provisions, la cuisine ne recelant plus que des boîtes de conserve vides.

Ce garçon discret, étudiant en sciences sociales à l'université, est probablement mort de faim en plein Poitiers.

8 Rêve de légiste

Heureux propriétaire depuis peu d'une vieille longère poitevine, l'homme s'était attelé sans tarder aux travaux de rénovation. À commencer par cette énorme cheminée trônant dans le salon, très délabrée et beaucoup trop volumineuse. Décision avait donc été prise de la démolir.

Après quelques coups de masse bien envoyés, l'ouvrage s'était mis à sonner creux. Mince alors ! Il y avait peut-être un trésor caché derrière le mur du fond ! Quelques lingots, un sac de pièces d'or, de l'argenterie, qui sait. Du moment que ce n'était pas des emprunts russes ou des bons de la Semeuse, cela ferait l'affaire. Le bricoleur du samedi – l'affaire se déroulait un samedi, je n'y peux rien – s'était remis à frapper avec une énergie décuplée. Soudain, un morceau du mur gros comme le poing avait disparu, laissant la place à un orifice. La cavité était bien là. Tout excité à l'idée de mettre la main sur le magot, l'homme se pressa d'y coller son œil, sûr de prendre son pied. Mais il faisait trop noir pour distinguer quoi que ce soit. Alors il reprit son outil et, de quelques coups de masse bien ajustés, il fit tomber le mur dans un grand nuage de poussière. C'est là qu'il la vit. À demi ensevelie par les gravats, posée debout contre le fond de la cavité. La valise.

Il faudrait n'avoir jamais été enfant pour ne rien ressentir devant une telle apparition. Cette valise, c'est la croix sur le plan de l'île déserte, le trésor des pirates, celui que l'on a cherché tant de fois dans les jardins publics ou dans les greniers, avec les copains.
Dans l'esprit du burineur, en proie à une grande agitation, les supputations se bousculaient. Pourquoi cacher cette valise avec tant de soin si son contenu n'a aucune valeur ? Il fallait que cela vaille la peine de construire ce double fond dans la cheminée. Donc, ce qui se trouve à l'intérieur ne devait pas être découvert. La poussière de la démolition n'était pas encore retombée que l'homme imaginait déjà sa fortune faite. Son épouse, appelée en renfort pour assister à l'évènement, serrait les poings sans rien dire. Lentement, l'homme s'était penché pour saisir la poignée. Le dos raide, les muscles bandés, il s'était préparé à donner un bon coup de rein. C'est que ça devait peser, cette affaire.
Ah zut ! Déception, la valise s'était soulevée sans peine, légère comme une plume. Adieu les lingots, les sacs de pièces et les chandeliers d'argent. Amère déception. Mais il restait encore une petite chance. Alors, l'homme fit jouer le mécanisme des fermetures, qui claquèrent d'un coup sec. Puis, il souleva doucement le couvercle, avant de lâcher le mot de Cambronne devant sa femme muette de surprise. Recroquevillé dans le bagage se tenait un corps d'enfant.

Les gendarmes avertis se rendirent sur les lieux, puis posèrent plein de questions au joyeux bricoleur. Lequel regretta sûrement d'avoir eu cette stupide idée de démolir la cheminée. D'ailleurs, elle n'était pas si moche, après tout. Avec quelques raccords et un coup de pinceau, elle aurait même été convenable. Il lui aurait suffi d'aller, comme à son habitude, faire quelques courses chez l'enchanteur Merlin ou dans le magasin des castors, les grandes enseignes dans lesquelles il dépensait des sommes considérables depuis qu'il avait entrepris de retaper la maison. Au lieu de ça, il se retrouvait face à des képis soupçonneux, bloqué toute l'après-midi par cette enquête, et avec encore à l'esprit le choc de cette vision fœtale. Mauvais karma.

Les pandores, après avoir mis hors de cause les propriétaires, et ne sachant pas trop quoi faire du colis saisi à leur domicile, demandèrent conseil au procureur. Lequel, ayant le choix entre la consigne de la gare SNCF, le service des objets trouvés et l'institut médico-légal, opta pour la dernière destination et me fit déposer le bagage. Mission : déterminer l'identité de la victime, les causes et les circonstances du décès. Plus facile à faire avec Toutankhamon, mais après tout il ne faut jamais désespérer. Peut-être qu'un jour un homme célèbre se retrouvera sur ma table.

La maroquinerie n'est pas ma spécialité, malgré mon intervention appréciée lors d'un accident de car transportant des ressortissants marocains. À l'époque, le crash de ce véhicule surchargé avait au passage écrasé une dizaine de têtes, me donnant des heures de travail sous pression, coincé que j'étais entre mon procureur, le consul belge (le car venait de Belgique) et son homologue marocain. Mais aujourd'hui, aucun diplôme n'étant exigé pour procéder à l'autopsie d'une valise, je me lance. Elle s'ouvre sans scalpel et révèle, une fois débarrassée de son contenu, un intérieur vieillot mais en bon état. Sa coque est de facture bon marché, style carton bouilli, renforcé aux angles par des pièces rivetées. Elle ne comporte ni étiquette, ni signe distinctif. Autant de remarques sans intérêt qui ne feront pas progresser l'enquête d'un pouce.

Après le contenant, passons au contenu. Le corps de l'enfant est momifié, en bon état de conservation, en position fœtale. Il porte des vêtements dont la coupe et le style semblent remonter à quelques dizaines d'années. Il est de sexe mâle, comme l'atteste la présence d'un lambeau desséché correspondant à un pénis et d'un autre en lieu et place des testicules. La peau est en excellent état de conservation, durcie par la momification.

Les radiographies du cadavre ne révèlent pas de fractures, pas de projectiles. Les examens radiographiques de points particuliers du squelette, que l'on appelle les points d'ossification, et de la dentition permettent d'évaluer l'âge du garçonnet à environ 4 ans.

Après un déshabillage soigneux, j'incise la peau et j'ouvre thorax et abdomen. Tous les organes sont là, réduits à des structures de parchemin. Aucun signe n'indique une mort violente. Il me reste seulement des hypothèses, que je mentionne au procureur : une mort remontant à plusieurs dizaines d'années, sans doute des suites d'une maladie infectieuse, cause la plus fréquente de décès chez l'enfant à l'époque. En tout état de cause, les faits remontant certainement à plus de trente ans et donc couverts par la prescription, l'action judiciaire est sans fondement et le magistrat en reste là.

Sage décision. Il aurait été possible, bien sûr, d'aller beaucoup plus loin. Des analyses très complexes et très coûteuses sont capables aujourd'hui de retrouver la trace d'une maladie ancienne, en identifiant l'ADN du virus ou de la bactérie qui en est à l'origine. Mais à quoi bon engager des dépenses très lourdes pour des informations qui ne permettront en rien d'éclaircir cette affaire ?

Le couvercle de la valise et le dossier sont désormais clos. Mais parfois, le légiste aimerait pousser un peu l'investigation. Quitter sa salle d'opération pour se mettre sur la piste d'un mystère qui résiste à sa science. C'est que l'autopsie n'est pas parlante à tous les coups. Seuls, les spécialistes des *Experts*, *NCIS* ou *Bones*, pour ne citer que quelques-unes des plus célèbres séries télévisées américaines, sont capables de prouesses inégalables. Jamais bredouilles devant leurs macchabées, ils savent en tirer mieux que personne les informations les plus incroyables. Tenez, ce grain de sable coincé sous l'ongle du petit orteil. C'est la preuve que la victime a été tuée sur la plage de Malibu, vers 14 heures, par deux types qui lui ont volé ses tongs. Ou encore ce minuscule fragment dans la narine droite de cette beauté froide. Un fil provenant d'un modèle de pullover fabriqué dans une seule échoppe de Hong Kong en 1964, prouvant à l'évidence que le meurtrier était un type frileux et d'un certain âge, portrait craché de son voisin de palier.

Dans la vraie vie, la vraie mort devrais-je dire, c'est quand même un peu plus compliqué que ça. Les autopsies « blanches », celles qui ne parviennent pas à déterminer la cause de la mort, représentent 5 à 20 % des cas selon la sophistication des techniques utilisées. Au grand dam des enquêteurs, qui attendent du légiste des indications pour avancer dans leur travail.

Je ne ressens ni frustration ni sentiment d'échec lorsqu'il me faut conclure... que je ne peux pas conclure. J'ai fait ce qu'il fallait. Les techniques adaptées ont été utilisées, les protocoles ont été respectés et les normes internationales suivies à la lettre. Il faut seulement admettre que parfois, des questions resteront sans réponse.

De cela, j'ai la conviction, forgée par plus de 20 années d'expérience. Mais le temps n'a pas émoussé ma curiosité et cette affaire de l'enfant dans la valise me titille, action réservée d'ordinaire à mon épouse légitime et adorée. J'imagine un journaliste curieux – ce n'est pas, hélas, un pléonasme – qui décide de mener son enquête. Il consulte les archives de la mairie, fait le tour des notaires, dresse la liste des différents occupants de la maison depuis la guerre, interroge les anciens, recoupe, vérifie. Peu à peu, il s'approche de la vérité.

J'esquisse plusieurs scénarii. Un enfant juif confié contre argent à une famille du Poitou par ses parents, déportés juste après. Puis la famille d'accueil trouve son hôte bien encombrant. Elle a peur d'être dénoncée. Ou veut seulement s'accaparer le pécule qui est dans la valise. Alors un soir, le patriarche surprend l'enfant durant son sommeil, l'étouffe avec un oreiller et le range dans la valise.

À moins qu'il ne s'agisse d'un rapt, féroce vengeance entre bandits, ce qui expliquerait que la disparition n'a jamais été signalée à la police. Bref, l'enfant capturé quelque part dans Paris est rapidement emmené dans cette ferme, tenue par la famille de l'un des complices. Mais le môme fait des siennes, ou la rançon tarde à venir, ou les deux. Alors, hop, le coup de l'oreiller, et dans la valise.

Et s'il s'agissait de l'un de ces pauvres gamins abandonnés aux mains de la mal-nommée Assistance publique ? L'un de ces orphelins, confiés contre argent par l'administration à des familles chargées de les élever ? Mille témoignages datant de trente à quarante ans font état des mauvais traitements, voire même des sévices subis par ces filles et ces garçons, traités pire que le bétail. Celui-là aura eu moins de chance. Mort de maladie, peut-être, ou de froid, dans son mauvais lit, sous les toits. Alors, pour ne pas avoir d'ennui avec l'administration, pour ne pas être rayé des listes des familles d'accueil et perdre ainsi une rente précieuse, on cache le corps dans la valise et on touche la pension. Le temps passe. Le pupille est supposé avoir assez grandi. Alors on déclare sa fugue, et le tour est joué.

Seul point commun entre toutes ces versions, et d'autres possibles, c'est l'absolue nécessité de faire disparaître le corps, en empêchant toute possibilité de le retrouver. Dans ce cas, pourquoi ne pas l'enterrer ? J'y vois trois objections. D'abord, nous sommes peut-être en hiver. D'où la possible mort de froid de la troisième version. La terre est gelée, dure comme du béton. Impossible de creuser. Ensuite, l'opération est risquée, car un animal attiré par l'odeur du cadavre peut se mettre à fouiller la terre ameublie. Enfin, le squelette enterré peut toujours réapparaître à l'occasion de travaux imprévus.

En revanche, la solution du double fond dans la cheminée est imparable. L'opération peut se faire à l'abri des regards, puisque la construction est à l'intérieur. Et la présence d'un feu dans l'âtre une bonne partie de l'année fait barrage aux curieux. La cachette idéale.

Ah, le téléphone. C'est sans doute le journaliste qui m'appelle pour me raconter ses dernières découvertes. Non, c'est le réveil. Il est sept heures, faut se lever. J'ai dû rêver.

9 Coup double

On m'amène souvent des cadavres putréfiés, beaucoup plus rarement des cadavres momifiés. Les premiers puent et suintent. Les seconds sont propres et sans odeur. Et j'avoue avoir une légère préférence pour le type II. Mais jusqu'à ce matin du printemps 2011, je n'avais jamais eu les deux à la fois.

Ce client-là est exceptionnel. Un corps énorme, boursouflé par les gaz de putréfaction, d'une couleur qui a viré au jaune foncé, indices d'un stade assez avancé de la décomposition. Mais il ne sent rien et au toucher, donne une sensation de carton ou de cuir bouilli. Ce type a commencé à pourrir, ce qui explique son aspect boursouflé et son teint d'hépatique. Puis le processus a été stoppé par une momification rapide qui a statufié le bonhomme en l'état. La succession de ces deux processus l'a gratifié au passage d'une virilité avantageuse. Le cadavre exhibe un pénis énorme, dressé comme l'obélisque au milieu de la place de la Concorde, à Paris. Rien à voir avec les performances supposées ou réelles du défunt en la matière. Il s'agit seulement du résultat combiné du gonflement des tissus, qui a artificiellement dopé l'engin du monsieur, et de la momification qui a figé la situation, empêchant la déflation et avec elle, le retour à un état beaucoup plus modeste.

La lecture du dossier permet de comprendre ce qui s'est passé, et comment les deux phénomènes ont pu se produire. Tout commence par une brouille familiale entre un père âgé et ses enfants. L'ancien habite une bicoque sans grande valeur, mais bâtie sur un vaste terrain proche du centre de Poitiers, dans un quartier en pleine rénovation. Les enfants cèderaient volontiers aux sirènes des promoteurs qui louchent sur la parcelle et qui sont prêts à mettre sur la table un joli pactole. Sauf que le vieux ne veut rien entendre et refuse de quitter les lieux. Au point que les uns et les autres finissent par ne plus s'adresser la parole.

Les jours et les semaines passent. Un hiver glacial s'abat sur la région, avant de céder enfin la place aux premiers beaux jours. Voilà six mois maintenant que les enfants sont sans nouvelles du père. Il est peut-être temps de renouer le dialogue. C'est du moins ce que pense l'un des fils, en allant toquer à la porte dans une démarche de réconciliation. Sans succès. Il insiste. Frappe plus fort, appelle. Toujours rien. D'autres membres de la fratrie arrivent en renfort, sans plus de succès. Ils décident alors de faire appel à un serrurier, qui parvient à forcer les verrous.

La porte s'ouvre, ils entrent, saisis immédiatement par le froid et le silence qui règne dans les lieux. Le temps d'aller jusqu'à la chambre, ils ont la réponse à leurs questions. Le propriétaire des lieux gît en travers du lit, les bras en croix, complètement nu, tout jaune et tout gonflé. La literie souillée porte des traces de vieux vomis et des grandes tâches brunâtres laissées par les liquides de putréfaction. Et puis il y a cette érection dérangeante, ces revues pornographiques, un peu partout, sur et autour du lit. La police, alertée, procède aux constatations d'usage. L'affaire ne paraît guère compliquée. Une fois l'hypothèse criminelle éliminée, faute de la moindre trace d'effraction ou de violence, il reste un scénario simple. Celle d'une mort naturelle, que les enquêteurs vont faire remonter au mois de novembre, toujours grâce à la boîte aux lettres et à son contenu magique. Une mort survenue durant une petite partie de plaisir solitaire. Trahi lâchement en pleine empoignade par un cœur fatigué, l'homme s'abat sur son lit et commence à se décomposer. Au bout de quelques jours, la température dans la maison s'abaisse brutalement, bloquant le processus de décomposition. Mal isolée, la maison est pleine de courants d'air. Le froid et la ventilation naturelle vont alors permettre au corps de se momifier. Tout cela semble limpide.

Toutefois, parce qu'il faut souvent se méfier des évidences, le corps est transporté à l'institut médico-légal pour une autopsie. La procédure judiciaire s'appelle la recherche des causes de la mort. Original, non ?

La silhouette ventrue d'un cadavre laisse habituellement présager de quelques difficultés de manipulations. Déplacer 100 kilos de chair morte mobilise toujours deux ou trois personnes. Surprise. Celui-ci se laisse soulever du chariot de transport sans le moindre souci. Une vraie bulle. Les images du scanner confirment cette impression. Le corps a eu du mal à loger dans l'anneau de l'appareil, tellement il est volumineux. Mais au moins la table d'examen n'a pas été exposée à une surcharge dangereuse, comme c'est parfois le cas. Non, rien de tout cela, ici le corps est plein... de vide. Au passage, je note également l'absence de fractures et de toute trace de projectile. Des renseignements qui nous laissent un peu sur notre faim : la mort a peu de chances d'être criminelle, en plus retrouver sa cause ne va pas être facile. Frustration en perspective ?

Heureusement nous avons un lot de consolation : ce mort est très coopérant. Non seulement il nous épargne le risque d'un tour de rein, mais en plus, il a eu l'excellente idée de claquer à poil. Pas besoin de procéder à la description des vêtements, d'y rechercher des traces d'agression puis de procéder au déshabillage. Voilà entre un bon quart d'heure et une demi-heure de gagné. Ajoutez à cela qu'il a le bon goût de ne pas empester, dégageant seulement une légère odeur de moisi, un peu comme dans une maison qui n'a pas été aérée depuis longtemps. Voilà un mort facile à vivre.

Le passage par les frigos de la morgue n'a en rien altéré son érection. Tous les regards des participants sont irrésistiblement attirés vers ce sexe énorme pointant obstinément vers le plafond. Chez les putréfiés ordinaires, la pointe de mon bistouri suffit à dégonfler les apparences. Un petit coup dans l'objet du désir, l'incision laisse s'échapper les gaz accumulés dans les tissus avec un petit sifflement, provoquant l'effondrement immédiat de l'attribut. Cette fois, c'est différent. L'objet de toutes les attentions résiste à ma lame. Dur comme du bois. En revanche, il sonne creux, confirmant bien l'origine gazeuse de cette bandaison *post mortem*, figée ensuite par la momification. Je n'avais encore jamais vu pareille chose.

La suite des opérations ne réserve pas de surprise. J'ai la chance que la peau soit bien conservée, ce qui permet son étude approfondie. Seule une région douteuse révèle un hématome banal, sur la crête d'un tibia, comme lors d'un choc contre un meuble, un bord de lit. En tous cas il n'y a aucune plaie, aucune lésion visible.

À l'intérieur, je retrouve des organes desséchés mais intacts et bien en place. La seule exception est le cœur, dévoré par des larves d'insectes dont je retrouve les pupes. Les poumons ont la forme de deux galettes sombres aplaties dans la cage thoracique. Les intestins ratatinés sont vides, ce qui a sans doute favorisé la bonne conservation du corps.

Dommage, faute d'accessoires coquins (un beau godemiché dans le rectum, voire des boules de geisha, un anneau pénien, une tenue suggestive, que sais-je encore…) je ne pourrai jamais prouver l'hypothèse qui nous tente tous : l'accident cardiaque en plein auto-érotisme.

En tous cas l'ensemble de mes observations permet d'écarter l'action violente d'un tiers. La piste d'un empoisonnement par des héritiers pressés est également peu probable, mais là, les difficultés se sont accumulées car faire de la toxicologie sur des organes desséchés relève des grands défis scientifiques. Bref, je penche pour une belle mort naturelle.

Quelques mois plus tard, visite chez mon notaire. Mais là, rien de professionnel : comme beaucoup de mes contemporains, j'ai besoin de ses services. Tandis qu'il ouvre mon dossier, le tabellion, que je connais bien et qui connaît mon activité, me parle de l'affaire du moment, celle qui occupe son étude. Une histoire d'opération immobilière souhaitée par des enfants mais que leur père bloquait depuis des années. L'officier ministériel avait assisté aux algarades familiales, entendu les récriminations des uns et des autres, jusqu'à la brouille définitive. Mais la disparition soudaine du paternel venait de débloquer la situation. « Le dossier était gelé depuis plus d'un an », m'explique le notaire en me regardant par-dessus ses lunettes demi-lune.

Une sacrée coïncidence : mon macchabée et moi avons notaire commun !

Pendant une bonne heure, j'écoute ses histoires, des histoires de notaires qui, souvent, valent bien celles des légistes !

10 Les petits pois sont rouges

Procès-verbal de constatations sur les lieux, réalisé en présence du médecin légiste.

« *Dans la mare de sang, à 20 centimètres de la tête, nous découvrons un amalgame approximativement sphérique, métallique, pesant 205 grammes et maculé de sang. Sur cet objet nous relevons l'inscription R.P08-21 LP-316L-1154OP. Il est impossible de l'identifier.* »

Le confrère niortais qui a rédigé ces lignes avait eu la lourde tâche de procéder à la levée du corps de madame T., expédiée *ad patres* par son mari irascible à la suite d'une vigoureuse querelle d'amoureux. Il avait pris soin de recueillir soigneusement un morceau de doigt retrouvé derrière la tête de la victime.

Il avait également procédé à l'autopsie de la victime, comme l'atteste le rapport que j'ai sous les yeux : « *Madame T. a reçu des coups portés avec grande violence et répétition sur le crâne et à la partie supérieure du visage. Ces coups ont été portés avec des objets déformables ou cassants.* » Il notait également la présence de « *plaies contuses dilacérantes profondes des mains, et notamment des doigts, preuve que la victime s'est défendue en essayant d'agripper son agresseur, notamment au niveau du visage, ce qui a entraîné des morsures des doigts de la part de cet agresseur ».*

Très impressionné par les dégâts relevés sur les mains de la malheureuse, ne pouvant avec certitude expliquer l'origine des plaies et peut-être emporté par son élan dans la recherche de la vérité, il avait carrément sectionné le poignet droit et conservé la totalité de la main. Le corps était parti à l'inhumation. La main une fois placée dans un sac en plastique transparent scellé et soigneusement étiqueté était partie pour le congélateur, en prévision d'un usage ultérieur.

Une manœuvre inhabituelle, certes un peu choquante : d'habitude le légiste se fait un point d'honneur à restaurer au mieux le corps autopsié en vue de sa présentation à la famille. Là, en découvrant le scellé, j'imagine la difficulté : comment faire tenir le chapelet remis par la famille entre les mains croisées de leur défunte… quand il en manque une ?
Pour autant il s'agissait d'une sage précaution, puisque justement le juge d'instruction souhaite en savoir un peu plus sur l'origine des fameuses lésions.
Me voilà saisi, non pas d'effroi car j'en ai vu d'autres, ni de compassion parce que je préfère l'empathie, mais par une mission pour le moins originale. Une mission en duo, une sorte de duo infernal, car lorsque l'on fait travailler ensemble un légiste et un chirurgien-dentiste, forcément, il faut s'attendre à des surprises. Et me voici au travail avec mon ami Pierre Fronty, qui lui aussi en a vu d'autres, mais pas celle-là : une expertise sur pièces détachées.

Le magistrat nous demande si les blessures ont été occasionnées par un objet tranchant, un objet contondant, en particulier celui avec lequel la victime aurait été frappée, ou s'il s'agit, troisième hypothèse, de morsures de son agresseur.

Tandis que je surveille attentivement les scellés mis à décongeler doucement, tout en lisant la procédure, Pierre va faire un tour en prison. Sans passer par la case départ, mais pour la bonne cause : procéder à la prise des empreintes dentaires du présumé meurtrier. Pas déçu du voyage, mon dentiste préféré découvre une version à peine améliorée du yéti. Le personnage présente de façon presque caricaturale les traits morphologiques retenus par le criminologue Cesare Lombroso en 1876 pour définir le « criminel né ». Épais sourcils broussailleux et proéminents, mâchoire large et volontaire, tout y est ou presque, dans des dimensions hors normes. Au point qu'aucun des porte-empreintes de Pierre n'est assez grand pour s'adapter aux maxillaires du bonhomme. Il lui faut bricoler pour réussir à mouler la dentition complète du géant, au prix d'une quantité colossale d'alginate, cette pâte rose expérimentée par tous les porteurs d'appareil dentaire ou de couronne.

Extraordinaire, cette dentition. Pierre pense, en l'examinant, à celle d'un requin. Si son client n'a qu'une seule rangée de dents, contrairement au squale qui peut aligner les arcades les unes derrière les autres, il en a les quenottes. Ses incisives, particulièrement tranchantes, sont inclinées vers l'arrière, vers l'intérieur de la bouche. Une fois plantées dans la chair, tout mouvement de retrait de la proie devient impossible. Le piège total. Les canines sont de véritables crocs, puissants et acérés. Les molaires sont robustes. Le tout en parfait état, sans la moindre carie ou trace de soin dentaire. Il ne lui manque que les dents de sagesse, ce qui ne surprendra personne.

Pour compléter son examen, mon ami dentiste prend quelques photos puis tend à l'homme une feuille de cire dure et épaisse, en lui demandant de mordre dedans. Il s'agit de relever l'empreinte des dents en position de morsure, afin de pouvoir la comparer aux constatations relevées sur le corps de la victime. Cette formalité habituellement sans difficulté se révèle bien délicate. À sa première tentative, l'homme sectionne net la feuille. Pierre superpose alors deux feuilles. Crac, coupées net elles aussi. Il lui faudra en empiler plusieurs pour parvenir à ses fins et obtenir l'empreinte recherchée.

De retour dans son laboratoire, Pierre n'a plus qu'à couler du plâtre dans les empreintes d'alginate pour obtenir une parfaite reproduction de la denture. Il procède ensuite aux mesures de chacune des dents, lesquelles confirment sa première impression : le yéti de la maison d'arrêt a des crocs nettement au-dessus de la moyenne, capables d'infliger de sacrées morsures dans des parties molles. Un yéti-requin, ça fait frémir. On n'a envie de le rencontrer ni en hors-piste, ni en plongée sous-marine. Adepte des deux pratiques, me voilà rassuré : il est en prison.

Est-il pour autant capable de sectionner un os, comme celui du doigt de la victime ? Cette hypothèse suggérée par la scène de crime renvoie à une abondante littérature scientifique. Car c'est fou ce qu'on peut mordre, en médecine légale ! Cependant la plupart des morsures concernent les parties molles : les joues, les bras, les avant-bras, le ventre... Parfois c'est franchement sexuel : les seins, les fesses, jusqu'aux organes génitaux. Quelques confrères ont ainsi rapporté des sections de pénis réalisées sans aucun outillage.

Les cas de morsures capables de trancher des parties osseuses sont en revanche beaucoup plus rares dans les annales. Comme cette affaire exceptionnelle de cannibalisme en prison, dans laquelle un détenu carnivore a tué son compagnon de cellule, lui a ouvert la cage thoracique en sectionnant les côtes, le tout à l'aide des dents. Il s'est ensuite attaqué à un poumon, qu'il a commencé à dévorer, avant que les gardiens ne mettent fin à son festin un peu particulier. Brutalement je m'interroge : le yéti-requin en prison est-il seul dans sa cellule ?

Il existe dans la vie courante d'autres références intéressantes. Tout un chacun s'est un jour essayé à croquer un os de poulet, le plus souvent avec succès, pour en déguster la moelle. Or, il n'y a pas de grosses différences entre un os de cuisse de poulet et un os de doigt humain. Les puristes objecteront que tout dépend de l'origine dudit poulet, ceux réputés élevés en plein air offrant plus de résistance que les squelettes de leurs congénères en batterie. Ce qui n'est pas faux, mais qui nous éloigne de notre affaire.

Une fois ce recours-expert aux références bibliographiques et aux comparaisons culinaires effectué, qui nous indique clairement que le sectionnement du doigt de la victime peut avoir été commis par une mâchoire type « yéti-requin modèle 1950 », tout reste à faire. Car nous ne sommes pas d'accord. Le désaccord entre deux experts, à la barre, c'est une catastrophe. Ou cela peut l'être. J'ai en souvenir... non, je m'égare. Mais au stade d'une expertise technique, c'est au contraire une grande chance, car la confrontation des idées va le plus souvent aboutir à la vérité.

Bien évidemment j'ai tendance à penser que chacun de nous a son hypothèse orientée par ses préférences et sa formation professionnelle.

Pour Pierre, l'essayer c'est l'adopter. Suite à mes considérations sur la résistance des os de poulet, peu désireux de revenir en prison pour faire tester la chose sur le présumé meurtrier, il s'est précipité chez son fournisseur habituel pour quelques achats de volailles. À la grande surprise dudit fournisseur, qui ne comprenait pas pourquoi Pierre tenait absolument à acheter, en plus de son poulet fermier habituel, une piètre volaille bas de gamme. Et surtout pourquoi il voulait être sûr qu'elle avait été élevée en batterie… Bref, quelques cuissons plus tard, Pierre confirme : pour un homme normal et bien denté (Pierre en l'occurrence), l'os du pilon de poulet fermier, c'est un peu dur mais c'est possible. L'os industriel, ce n'est pas pire que croquer une carotte. Conclusion : élevage fermier ou élevage industriel, c'est possible pour lui, alors pour un yéti-requin…

Quant à moi, j'ai un farouche attachement aux indices matériels et aux hypothèses les plus simples. Et à propos d'indices, j'ai l'objet métallique découvert près du corps de la malheureuse et plus d'une cinquantaine de coups portés. Dans ce contexte d'acharnement, le plus simple est d'évoquer quelques impacts sur la main, les explications les plus ordinaires ne peuvent pas être balayées d'un revers de la main. Pas même de celle de la victime. Et puis surtout, soyons honnêtes, j'adore prendre le contre-pied des hypothèses que l'on me propose. Alors à ce stade des investigations, je prends un malin plaisir à affirmer dur comme fer que je ne crois pas du tout au scénario de la morsure. Sans secrètement évacuer cette possibilité.

Nous poursuivons donc nos travaux sur une main solitaire et un bout de doigt décongelés dans les règles de l'art. J'ai eu beaucoup de mal à convaincre mes collègues du service d'anatomopathologie, mes voisins dans les sous-sols du CHU de Poitiers, de m'accueillir dans leurs locaux techniques. Assez curieusement, mes collègues pourtant rompus aux analyses de morceaux humains de toute sorte ont manifesté une véritable répulsion à la vue de cette main baladeuse. Enfin, après une longue négociation, nous avons pu nous installer dans l'une de leurs salles, désertée par tout son personnel le temps de notre intervention. Car rien ne vaut une bonne table d'examen macroscopique pour ce genre d'exercice : bon éclairage, aspiration basse pour évacuer les vapeurs de formol (ou les mauvaises odeurs d'une main mal lavée), deux opérateurs en vis à vis... Pierre a apporté avec lui les moulages en plâtre des arcades dentaires du prévenu.

Nous avons les pièces détachées. À nous de vérifier si elles s'adaptent – ou non – à un scénario d'attaque dentaire.

La main droite posée devant nous présente une section complète du majeur. Deux autres doigts, l'index et l'annulaire, portent des traces de morsures profondes. Premier constat, les trois doigts présentant des lésions logent aisément dans les mâchoires de plâtre. Ce dont il fallait au moins s'assurer.

Passons à l'examen des plaies. Nous constatons rapidement que les blessures vont par paires, de chaque côté de la main. À chaque trace visible côté « dos » de l'un des doigts est associée une trace côté « paume ». Un peu comme les marques que laisserait une tenaille. L'ensemble forme un bel arc de cercle qui rappelle celui des arcades dentaires.

Cependant, les plaies n'ont pas le même aspect côté dos et côté paume : des érosions contuses avec quelques petits lambeaux de peu décollés d'une part, des plaies profondes avec des bords francs d'autre part.

Le doute s'insinue tout doucement dans mon esprit, car ces constatations collent mal avec mon idée de départ. Un ou plusieurs coups violents sur la main ne peuvent pas expliquer ces lésions sur les deux faces des doigts. Le scénario de la morsure, avec son « effet tenaille », prend un peu plus de consistance. Mais je n'en dis rien pour l'instant.

Maintenant, recours aux grands moyens : l'examen avec un puissant microscope stéréotaxique. En fait c'est comme un microscope qui permet d'observer un objet en relief à un grossissement variable.

L'objectif nous réserve une belle surprise : alors qu'à l'œil nu nous avions l'impression d'une vaste plaie régulière en arc de cercle, le microscope nous montre une structure irrégulière, des incisions profondes qui forment comme des petits « puits » séparés par d'étroites zones presque indemnes.

Je sens mon hypothèse fondre comme un glaçon en plein soleil. Car j'ai dans la tête l'image du moulage de la mâchoire inférieure du prévenu, où les incisives acérées ne se touchent pas les unes aux autres mais sont séparées par de petits espaces. Des diastèmes, en langage de dentiste, dont les dimensions correspondent exactement à celles des zones indemnes. L'étau se resserre sur les dents du mis en examen.

Afin de préserver la possibilité d'autres moyens de preuve, nous procédons à un prélèvement de possibles traces de salive dans le fond des plaies, au moyen de petits cotons tiges stériles, placés immédiatement sous scellés et congelés. Le juge pourra, si nécessaire, faire procéder à des recherches d'ADN.

Puis Pierre injecte un produit de moulage dentaire, à base de silicone, dans une des plaies particulièrement profonde. Quelques minutes plus tard et après démoulage, la comparaison avec le moulage de plâtre est sans appel : la similitude avec les incisives du prévenu est parfaite.

— Alors ?

— Bien vu ! Les hypothèses les plus simples ne sont pas toujours les meilleures. J'abandonne ma théorie de l'OCNI.

— L'OCNI ? C'était cet objet métallique bizarre ?

— Ben oui, l'OCNI. Je n'en avais jamais vu comme cela...

— Chef, c'est quoi, un « loqueni » ?

Il faut dire que Cassiopée a suivi nos opérations depuis le début. Encore jeune dans le métier, elle est un splendide mélange de candeur et d'hyperréalisme, toujours prête à croire son chef. Parfois cela lui joue des tours.

— Vous me ferez une petite bibliographie, pour la prochaine réunion...

L'envie est grande de s'arrêter là dans notre expertise, mais celle-ci ne serait pas complète sans un examen du squelette de la main.

Pour les radiographies, retour au cabinet de Pierre qui, muni de ses appareils de radiographie dentaire, nous tire des clichés d'une finesse exceptionnelle, en utilisant des films spéciaux. Si le majeur a été amputé de sa troisième phalange, les deux autres doigts n'ont pas été épargnés et présentent tous deux des fractures osseuses, de la troisième phalange pour l'un, de la deuxième pour l'autre, avec de nombreuses esquilles. Reste à accéder directement à la structure.

C'est là que la cuisine du légiste entre en jeu. La méthode habituelle, dite du « pot-au-feu », consiste à mettre à bouillir la pièce à conviction, accompagnée d'un bouquet garni afin de neutraliser les mauvaises odeurs. Comptez environ quatre heures trente à gros bouillon pour pouvoir éplucher complètement une tête. Mais plusieurs obstacles s'opposent à la mise en œuvre de cette solution. Un, le personnel du laboratoire d'anatomopathologie tout entier menace de démissionner au cas où j'oserais me livrer à cette pratique dans leurs locaux. Deux, n'ayant jamais procédé à cette préparation avec une main isolée, je ne dispose pas de temps de cuisson de référence. Le risque, c'est de faire trop cuire. Trois, la dispersion des petits os dans le jus de la préparation risque de me compliquer la tâche.

J'opte donc pour une autre solution, laquelle nécessite une destruction partielle de la pièce à conviction. J'expose à Pierre mon idée : prélever les trois doigts qui nous intéressent pour les passer au micro-ondes, histoire de ne rien perdre. Le juge d'instruction ayant donné son feu vert, je procède aussitôt à l'ablation des doigts, que j'emballe soigneusement dans un récipient étanche.

N'ayant pas de micro-ondes dans le service, la suite se passe à la maison en fin de matinée, dans la plus stricte intimité. Bien évidemment, déjà échaudé par mes difficultés en anatomo-pathologie, je n'ai pas averti mon épouse pour éviter de laborieuses négociations dont je n'étais pas sûr de sortir vainqueur.

La suite s'annonce bien mais il faut parfois se donner un peu de cœur à l'ouvrage.
— Pierre, un doigt de Muscat ?
— Non merci, Michel, jamais pendant le service.
Nous n'avons plus qu'à passer à l'action. Mais malheureusement, mes livres de cuisine sont muets sur la meilleure façon de cuire les doigts. Il va nous falloir improviser. Après réflexion, nous plaçons les prélèvements dans une barquette plastique « spécial micro-onde » remplie de sérum physiologique, et nous l'enfournons pour 4 minutes à 1000 watts de puissance. Cette première chauffe se révèle quasiment sans effet. Le deuxième passage, puis le troisième, toujours dans les mêmes conditions, ne sont guère plus efficaces. Mais je préfère procéder par paliers successifs plutôt que de risquer la destruction des indices. Et puis, le tâtonnement me semble une méthode parfaitement adaptée à une étude concernant des doigts.

C'est avec la quatrième chauffe que nous obtenons enfin le résultat souhaité : la chair et les os se séparent spontanément sans aucune difficulté. Je n'ai plus qu'à récupérer à la pince tous les fragments osseux baignant dans le liquide. Avant de regagner le CHU pour poursuivre notre tâche exaltante, je propose à Pierre de casser une petite croûte. Nos estomacs commencent à manifester des signes d'impatience, sans doute trompés par la légère odeur qui s'est dégagée durant notre préparation. Autant continuer sur nos lancées culinaires. Je sors de mes placards des rillettes pure sanglier, un régal fait maison. Puis, le temps de casser deux paires d'œufs dans une poêle, de couper trois tomates fraîches, de mouiller quelques feuilles de mâche avec une sauce dont je garde le secret, et le tour est joué. En dessert ? Un mélange de fruits rouges du jardin.

Une fois sustentés, nous reprenons la route du CHU pour terminer notre travail. Hélas, nos efforts n'ont pas été couronnés de succès. L'examen des petits os ne nous apporte rien de plus. Il n'en fallait pas moins tenter cet examen.

Il est temps pour nous de rédiger notre rapport destiné au magistrat instructeur. Il nous a proposé trois hypothèses pour cette main. L'arme blanche a été éliminée très rapidement, faute de plaies à bord net. L'utilisation d'un objet contondant à bord aigu a été évoquée, en raison de ce sphéroïde métallique retrouvé près du corps. Parfaitement visible sur les photos de la scène de crime, ledit objet présente une sorte de « couture » irrégulière ou de bourrelet de métal qui peut entraîner ces lésions. Nous l'avons exempté de toute responsabilité dans l'origine des plaies digitales, du fait des lésions sur les deux faces des doigts, comme pris dans une tenaille.

Reste la troisième hypothèse, celle de la morsure, que nous retenons : elle est compatible avec les données de la littérature, les mesures de la dentition et de la mâchoire du prévenu, la géométrie et la disposition des lésions de la victime. Mission terminée, nous envoyons notre rapport. Quant à la main, elle retrouve son statut de scellé judiciaire, le temps que le magistrat décide de son devenir. Je souhaiterais qu'elle rejoigne son corps d'origine, question de respect. Mais la Cour de cassation a déjà donné son avis dans ce genre de situation[5].

Je n'ai pas connu la suite de l'histoire, n'ayant pas été convoqué aux assises. Le mystérieux objet métallique est longtemps resté une énigme. Très intrigués par cette chose, nous avons, Pierre et moi, passé un long moment à détailler tous les clichés permettant de l'observer sous différents angles, agrandissant au maximum les images numériques sur l'écran de l'ordinateur. Mais nous ne sommes pas parvenus à cerner la nature de cet OCNI, objet contondant non identifié.

C'est un enquêteur qui nous en a révélé la vraie nature, beaucoup plus tard. Il s'agissait d'une boîte de petits pois, transformée en boule de pétanque par la force des coups répétés encore et encore sur le crâne et le visage de la victime.

---

5 Des procédures ont déjà été engagées par des familles, et la Cour de cassation a eu deux fois l'occasion de se prononcer sur ce point. Elle a constamment retenu ceci : « Les prélèvements effectués […] ne constituent pas des objets susceptibles de restitution au sens de l'article 41-4 du Code de procédure pénale. »

98

11 Giovanni

Les brandes sont une spécialité de certains coins du Poitou. Ce mélange de bruyères, de genêts, d'ajoncs et de fougères couvre des milliers d'hectares de landes et sert d'abri au gibier, pour le plus grand plaisir des chasseurs. S'y aventurer n'est pas sans risque. La densité de la végétation est telle par endroit qu'il est presque impossible d'avancer. Le téméraire qui tente l'expérience se trouve donc obligé de chercher des passages praticables, contournant sans cesse les obstacles. Or, ce couvert végétal culmine à deux ou trois mètres de haut, ce qui est modeste, mais suffisant pour priver le promeneur de tout repère visuel lointain. Obligé de se déplacer en zigzag et sans voir où il va, l'explorateur a de bonnes chances de tourner en rond pendant des heures.

Ce jour-là, dans le grand camp militaire, près de Montmorillon, les chasseurs procèdent à une battue au sanglier et ce sont les traqueurs, ces hommes chargés de rabattre le gibier, qui tournent en rond dans les brandes. Il s'agit de réduire sérieusement la population de ce gros gibier qui pullule et occasionne de gros dégâts sur les cultures alentour. Mais aujourd'hui les chasseurs ont une particularité : ils sont tous gendarmes. C'est que l'enceinte est interdite aux civils.

Le tableau de chasse est déjà bien avancé et il faut changer d'enceinte. C'est alors qu'un traqueur découvre un bel os bien long, bien propre, qui ne ressemble à rien d'habituel pour ce passionné de découpe animale. Appelés à la rescousse, les chasseurs-gendarmes n'hésitent pas une seconde : c'est un tibia humain. Ils ont suffisamment l'expérience des restes humains pour en être certains.

L'os a été boulotté à ses deux extrémités : les sangliers sont passés par là. Très friands de moelle, ils rognent les têtes des os longs pour accéder à l'intérieur. Un vrai régal.

Le vestige dûment repéré, la partie de chasse reprend ses droits. Il n'y a manifestement pas urgence à intervenir et puis la chasse est une chose sérieuse.

Ce n'est qu'en début d'après-midi, la battue terminée et la collation de chasse savourée, que les gendarmes se consacrent à la découverte du matin. Pour officialiser la chose, ils font appel à leurs collègues de la brigade de recherche de Montmorillon. Pendant trois heures, les hommes explorent à grand peine le périmètre délimité autour du tibia. En rampant sous des brandes quasi impénétrables, ils finissent par découvrir un bel ensemble enveloppé d'un T-shirt et d'un polo, de type masculin, relevés au-dessus de la tête : la tête avec son œil et son cuir chevelu desséché, la colonne vertébrale, le bassin, le membre inférieur droit au complet, le bras droit, mais sans son avant-bras.

Le tout est encore en connexion anatomique, les os sont restés reliés par les ligaments. Mais chairs et viscères ont fait le délice des sangliers.

La nuit tombant, la suite de la fouille est remise au lendemain. Car les gendarmes sont pragmatiques : à l'inverse des *Experts* de la télévision, qu'ils regardent d'un œil extrêmement critique, eux ne vont pas s'aventurer à fouiller l'impénétrable en pleine nuit avec de petites torches ridicules.

Le lendemain, de longues heures d'exploration difficile sous les bruyères géantes permettent de retrouver quelques fragments supplémentaires. Et voici l'avant-bras gauche, le tibia et le fémur gauches.

En revanche, aucune pièce de vêtement correspondant au bas du corps, ni slip, ni pantalon, ni kilt (même si une scène de crime est saccagée par les sangliers, il faut ouvrir toutes les hypothèses).

Dans la tête des gendarmes, le doute s'instille alors que le soir tombe, et réciproquement. Et s'il s'agissait d'un crime sexuel ? Le contexte du camp militaire fait résonner dans les mémoires le sinistre précédent du camp de Mourmelon, dans l'est de la France, et de tous ces jeunes gens disparus aux alentours dans les années 1980. L'enquête qui s'annonce prend immédiatement une dimension particulière. La présence de vastes étendues de blé, de maïs et de tournesol autour du camp militaire aurait-elle inspiré un « céréale killer » ? Les restes humains sont soigneusement emballés dans un sac mortuaire et expédiés à l'institut médico-légal de Poitiers.

Le lendemain, je retrouve les gendarmes et toute mon équipe dans la salle d'autopsie. Le scanner du corps effectué dans la nuit est affiché sur le négatoscope, une sorte de caisson lumineux plaqué au mur. Pas de traces suspectes, pas de projectile dans le crâne.

En revanche, j'en déduis immédiatement deux choses. Un, vu la taille et la forme du bassin, il s'agit très certainement d'un homme. Deux, les structures osseuses et la totale édentation de la mâchoire inférieure désignent une personne âgée. Pas vraiment la cible du tueur de Mourmelon.

Les enquêteurs nous font un résumé des opérations sur le terrain, photos à l'appui. Puis il est temps de passer à l'ouverture de la housse.

Le zip coulisse sans peine, libérant aussitôt une odeur de rance, douceâtre et légèrement écœurante. Un flash évocateur s'imprime devant mes yeux et je me revois, deux ans plus tôt, lors d'un trek au Népal, accueilli généreusement dans une maison au sol de terre battue par le traditionnel thé au beurre de yack. C'est qu'il n'est plus très frais, mon squelette. Les graisses contenues dans la moelle osseuse ont tourné. Avec l'aide de Cassiopée, ma chef de clinique, j'extrais les restes du monsieur présumé que j'installe sur la table d'inox.

Dire que l'autopsie sera courte est un euphémisme. Car en dehors des os, il ne reste pas grand-chose.

Les deux ailes du bassin ont été largement « grignotées » par les charognards. La taille des traces ne laisse pas de doute sur la puissance des mâchoires : il s'agit de sangliers. Cette charmante bestiole très appréciée lors des chasses en battue est un excellent nettoyeur des sous-bois. Son régime alimentaire omnivore – qui ne signifie en rien qu'il mange les hommes mais qu'il se nourrit d'un peu tout – lui permet de débarrasser la campagne de tout ce qui traîne. Ces nécrophages à poil dur ont manifestement apprécié les os iliaques de l'inconnu de Montmorillon. Ils ne sont pas les seuls.

Des larves d'insectes sont installées sur ce qu'il reste de matière organique à boulotter. Je les prélève. Envoyées dans un laboratoire spécialisé, chez les entomologistes, ces larves vont être mises dans de bonnes conditions d'élevage pour terminer leur cycle et donner naissance à l'adulte. C'est la seule façon d'identifier le type d'insecte qui est à l'œuvre. Et peut-être de pouvoir en tirer une date approximative de la mort. En effet, différentes espèces d'insectes s'attaquent aux cadavres dans la nature, dans un ordre chronologique bien déterminé. Les légistes appellent cela des escouades. Chaque escouade intervient à un temps précis de la décomposition du corps, attirée par les odeurs du moment. Identifier le type de bestioles en action au moment de la découverte donne donc une idée approximative de la date du décès. Compte tenu de l'état du corps, je suis persuadé que la mort remonte au moins à un an.

L'étude de la tête apporte beaucoup de renseignements. Son propriétaire avait de longs cheveux blancs. De grandes mèches sont encore présentes, accrochées au cuir chevelu momifié et colorées en brun par les effets des liquides de putréfaction. Un œil quasi momifié me regarde d'un air torve pendant tout mon examen, mais je suis incapable d'en préciser la couleur. L'autre a disparu.

La mâchoire supérieure a conservé la plupart de ses dents, dont certaines présentent des marques d'usure au collet, comme chez les patients qui sont appareillés avec une prothèse amovible. Laquelle devait supporter deux fausses incisives en remplacement des vraies absentes. Mais l'appareil n'est plus là. Je note également une forte régression de l'os alvéolaire, celui dans lequel les dents sont enracinées. À terme, ce phénomène conduit au déchaussement des dents. L'individu n'aurait sans doute pas tardé à perdre toutes les dents qui lui restaient. Tous ces éléments confortent ma première impression, celle d'un homme âgé, voire très âgé. Dans tous les cas, j'estime qu'il a plus de 60 ans.

Je passe ensuite à la recherche du moindre signe d'agression à l'arme blanche. Un coup de couteau, lorsqu'il touche un os, y laisse toujours la trace de sa lame. L'examen des os à la loupe binoculaire confirme rapidement l'absence de traces traumatiques sur le squelette. Ni trace de projectile, ni lésion par arme blanche. Mais la disparition de nombreux éléments du squelette ne permet guère d'éliminer toute agression de ce type.

Avant de remballer le squelette, je place le fémur droit, celui qui n'a pas été grignoté, sous scellé, pour le cas où des analyses ADN seraient ordonnées. Il n'y a pas si longtemps, on prélevait des cheveux avec leur bulbe pour faire ces recherches. Mais l'expérience a montré que l'ADN des bulbes capillaires se dégradait avec le temps, rendant l'exploitation des résultats difficile si ce n'est hasardeuse. En revanche, on a découvert que dans la partie dite « corticale » du fémur, la zone la plus dure, les minuscules cavités contenant les cellules osseuses étaient parfaitement protégées. C'est ce matériau que les biologistes vont rechercher, en curant ces cavités à l'aide d'instruments microscopiques. L'ADN ainsi récupéré est garanti de bonne qualité et exempt de toute contamination.

Au terme de l'autopsie, je transmets aux enquêteurs mes premières conclusions : la victime est un homme âgé, son corps a été démembré et dévoré *post mortem* par des sangliers. En revanche, je ne peux pas répondre aux trois questions qui les intéressent : rien ne permet de fixer la date de la mort, d'en établir les causes ni d'identifier précisément la victime. Je suis également dans l'incapacité d'expliquer l'absence de tout habillement sur le bas du corps. À moins qu'un sanglier facétieux n'ait ôté le pantalon pour mieux profiter de son repas ?

La solution de l'énigme ne se trouvant pas dans cette salle, les gendarmes en déduisent d'eux-mêmes ce à quoi je pense : il faut retourner sur le terrain à la recherche de nouveaux indices. Je comprends qu'une telle perspective ne les enchante guère. L'exploration des brandes est véritablement pénible. On s'y accroche de partout, les branches vous griffent le visage et les herbes hautes cachent mille pièges. Mais la vérité est à ce prix. Alors les militaires se remettent en chasse.

Leurs efforts finissent par payer. Travaillant avec méthode, partant du point de découverte du corps et ratissant une zone de plus en plus grande, ils passent trois fois de suite le territoire au peigne fin. Chaque fois, leurs fouilles curieuses donnent de nouveaux résultats.

La première expédition ramène une paire de lunettes, une alliance et une chevalière gravée « JM ». La deuxième met la main sur l'appareil dentaire qui me manquait. Mais c'est la troisième qui est la plus fructueuse. À 400 mètres du lieu de découverte du corps, les gendarmes découvrent un ensemble parfaitement rangé au pied d'un arbre. L'inventaire recense un pantalon d'homme soigneusement plié, et posé dessus, un caleçon, une ceinture de cuir tressé enroulée sur elle-même, une montre-bracelet, une paire de chaussettes, une paire de chaussures usées, deux peignes, une brosse à dents, un tube de dentifrice, un mouchoir, une médaille non gravée, un rasoir jetable et un rasoir électrique. Étrange paquet. Les enquêteurs en sont encore à se gratter la tête lorsque monte de la lande une sorte de cri de victoire. L'une des équipes préposées au ratissage vient de trouver la dernière pièce du puzzle. Un passeport.

Le document a subi les outrages du temps, mais il est encore parfaitement lisible. Il appartient à un certain Giovanni M., âgé de 80 ans et porteur de lunettes, si l'on en croit sa photo d'identité. Après quelques échanges radio avec la brigade, la confirmation arrive. Giovanni, pensionnaire d'une maison de retraite située à quelques kilomètres du camp militaire, est porté manquant depuis un an.

Mais c'est surtout la date de naissance portée sur le document qui retient l'attention d'un gendarme.
— Mince alors, il est né un 1er octobre !
— Oui ? Et alors ?
— Alors, aujourd'hui, c'est le 1er octobre. Happy birthday, mister Giovanni.

Ce pauvre Giovanni avait pris l'habitude de fuguer. Le problème, c'est que le fugitif était incapable de s'orienter, comme de retrouver le chemin du bercail. Alzheimer avait frappé. Chaque fois, le personnel de l'établissement partait à sa poursuite, parfois aidé par les gendarmes. Chaque fois, Giovanni était rattrapé en chemin. Jusqu'au jour où Giovanni a préféré couper à travers bois plutôt que de suivre la route. Il est entré dans les brandes du camp militaire qui s'étendent sur des centaines d'hectares. Il n'en est jamais ressorti.

12 Galette

Ma patiente du jour est à plat. Non pas qu'elle soit vivante et fatiguée, mais parce qu'elle ne doit pas faire plus de trois centimètres d'épaisseur, du bas du front resté intact au bassin. En dessous, en revanche, tout semble normal, avec deux jambes en relief tout ce qu'il y a de conforme à la normalité et aux canons de la beauté. Par je ne sais quel effet du destin, le visage est devenu une sanglante bouillie étalée sous le front. Le nez est déroulé, les narines dans le même plan, les lèvres sont fines comme une feuille de papier, les pommettes et les maxillaires sont totalement aplatis, l'ensemble est encadré par les deux oreilles, intactes. Comme si le visage était passé de trois à deux dimensions. Quant aux mains, elles sont toujours reliées à la galette principale par deux lambeaux très fins, ce qui reste des bras et des avant-bras. Cette chose étrange qui tient à peine sur ma table d'autopsie – j'ai eu raison de m'acharner auprès de mon administration réticente pour obtenir le modèle super-large – a été ramassée en pleine nuit, sur la nationale 10, par les policiers. Le chauffeur routier qui a donné l'alerte est d'ailleurs en état de choc. Entre deux sanglots, ce grand gaillard a raconté ce quelque chose qui est passé dans ses phares, de façon très fugace, alors qu'il passait à vive allure sous un pont, en direction de Paris. Juste après, il a ressenti un tressautement dans ses roues. Intrigué, le temps de réfléchir et de réagir, il a stoppé son poids lourd sur le bas-côté, quelques centaines de mètres plus loin. La lampe à la main, il a visité le dessous de son semi aux roues jumelées sans rien déceler d'anormal. Perplexe, il a alors refait le chemin en sens inverse, à pied. Pendant ce temps, des dizaines d'autres camions sont passés au même endroit. Aucun ne s'est d'ailleurs arrêté. C'est en arrivant au pont qu'il l'a vue. La chose. Ce sont les cheveux et les jambes qui lui ont permis illico de faire le diagnostic. Il a alors alerté les autres conducteurs, à grands coups de lampe de poche, au péril de sa vie. Lorsqu'enfin un automobiliste s'est arrêté et que les secours ont pu être prévenus, bloquant la voie, la galette était incrustée dans le macadam. Il n'y n'avait plus rien à secourir. Depuis le début, d'ailleurs.

« Après, ça a été dur, doc. Je crois que je vais faire des cauchemars pendant un moment. Et je ne verrai plus les chats écrasés avec le même œil ! »

C'est l'officier de l'identité judiciaire qui digère difficilement le spectacle. Il lui a fallu décoller la galette de chair et d'os prolongée d'une belle paire de jambes. Il lui reste maintenant à établir l'identité de la victime. Les enquêteurs ont déjà une piste sérieuse : ils ont retrouvé, sur le pont, un sac à main et des papiers d'identité appartenant à une jeune femme brune, âgée de 22 ans. Encore faut-il être sûr qu'il s'agit bien de la propriétaire du sac. Car si le passage de semi-remorques de 38 tonnes élimine parfaitement les ridules, il brouille considérablement la physionomie. Toute comparaison avec des photographies antérieures est impossible. À part la couleur des cheveux. Les policiers veulent également savoir si la dame a chuté volontairement ou si elle a pu être poussée. C'est pour répondre à ces questions qu'elle s'est rendue sur ma table. Mais l'interrogatoire va être difficile.

Après son travail de nuit (il a maudit au passage le hasard qui l'a mis de garde cette nuit-là) l'officier de police judiciaire est visiblement mal en point. Le teint crayeux, le front transpirant, il se tient à l'écart, concentré sur le clavier de son ordinateur, sur lequel il tape ses réquisitions. De ce macchabée, il en a assez vu. D'autant qu'il lui a fallu, en plus, collecter quelques « pièces détachées » éjectées de l'enveloppe corporelle et essentielles à l'enquête. Un travail qu'il a mené avec dégoût mais avec une conscience professionnelle remarquable. Cette éjection est un phénomène qui se produit lors du premier « passage », lors de l'écrasement initial. Sous l'effet de la pression brutale exercée par les roues, la peau résiste d'abord puis craque en quelques endroits. Une partie des organes internes mis sous pression est alors éjectée, fusant à distance aussi loin que la pression le permet. Les véhicules suivants vont ensuite tasser et compacter ce qui est resté sur place. C'est bien ce qui s'est passé cette nuit sur la nationale 10.

Préalable habituel à mes opérations, la victime est passée par le service d'imagerie médicale du CHU. Mais cette fois, nous devons nous contenter des radiographies classiques. La victime est trop étalée pour rentrer dans le scanner, sauf à la mettre en rouleau, comme une sorte de gigantesque nem. Au passage, il faut saluer la persévérance des manipulateurs radios qui ont eu quelques difficultés de réglage : une galette, cela n'absorbe pas les rayons X comme une personne en 3D.

Le résultat, c'est d'un côté, de la bouillie de visage, une radiographie très originale d'ailleurs, comme un panoramique mélangeant fragments d'os et de dents. On voit même l'ombre des oreilles. De l'autre, de la bouillie de thorax. Normal. À force de circuler dessus, il n'y a plus rien à voir.

Mon examen externe s'intéresse d'abord aux rares parties intactes, à la recherche de traces de violence. Sait-on jamais ? En effet propulser une personne vivante par-dessus un parapet nécessite l'emploi de la force. J'examine donc attentivement les endroits du corps qui servent de prise lors de ce type d'agression. Les poignets et les mains, qui par chance ont échappé à l'écrasement, ne portent pas de trace suspecte. Sous les ongles, pas le moindre débris de peau pouvant indiquer que la victime s'est défendue. Même chose aux chevilles, qui ne présentent aucune marque de saisie. En revanche, la face interne du poignet gauche présente de multiples cicatrices évoquant d'anciennes tentatives de suicide. Ce que me confirme l'un des enquêteurs présents.

La limite de l'écrasement passe juste au-dessus du pubis. Les organes génitaux externes ont échappé de justesse au rechapage. Ils sont normaux, sans trace de violence malgré le nombre de chauffeurs qui lui sont passés dessus. Au passage et par principe, je frotte quelques écouvillons dans la région génitale. Au cas où elle aurait eu un rapport sexuel récent. C'est une des difficultés de la médecine légale : au moment de l'autopsie, on ne sait jamais ce qui s'avérera important voir décisif, d'où de nombreux prélèvements, réalisés par principe.

L'incision de la galette thoracique donne accès à un magma dans lequel j'identifie, non sans mal, des morceaux de côtes et de vertèbres. Je repère également les restes d'un poumon, mais pas du second. J'ai beau chercher, impossible de mettre la main dessus. Par la même occasion, je constate que le cœur a disparu. Je m'étonne auprès du chef d'enquête.

— Il manque des morceaux. Vous êtes sûr d'avoir tout récupéré ?

— Sûr, docteur, j'ai tout ramassé. C'était suffisamment dégueulasse comme ça.

Le mystère reste donc entier. Il est bien le seul. Le foie est en bouillie, la rate en compote. Pour ce qui est des intestins, l'essentiel est situé dans un sac poubelle, à côté de ma galette. C'est le résultat du travail de l'OPJ.

Je passe ensuite à la dissection du petit bassin, dans la partie du corps qui a conservé son volume d'origine. En revanche, la disposition des lieux a été sacrément chamboulée. La salle de jeu s'est transformée en nursery, par une migration de l'utérus dans le vagin. Comme lors des hystérectomies par voie basse. Mais ce n'est pas tout. Intrigué par la présence d'une masse anormale sur le côté gauche, à la racine de la cuisse, je prolonge la plaie latérale par laquelle sont sortis les intestins. J'incise jusqu'au milieu de la cuisse, j'écarte les chairs et là, je tombe sur… le cœur. Il n'avait pas disparu, mais seulement migré de la cage thoracique jusque dans la cuisse.

Beaucoup plus bas, un tatouage entoure une cheville. De l'autre côté, un motif tribal lui fait face. De quoi assurer l'identification : une photo retrouvée dans le sac montre la belle allongée lascivement sur le sable, avec ses deux tatouages.

Ses chevilles parlent ! Non seulement sur son identité, mais aussi sur les circonstances de la mort. Sur les radiographies, l'une d'elles est manifestement fracturée. Les deux os de la jambe se sont écartés sous la pression du talon qui s'est impacté en remontant dans la cheville. Sur l'autre, c'est l'os du talon lui-même qui apparaît en bouillie. Tout cela sans aucune trace de roues sur la peau. J'ai beaucoup de chance (plus que ma galette en tous cas), ce type de lésion est caractéristique d'une chute violente sur les talons. Reste un point à vérifier : il y a-t-il un hématome autour des fractures ? Une incision bien en arrière passant à distance des tatouages plus tard, je confirme. Il existe deux beaux hématomes : elle était encore en vie lorsqu'elle a heurté la chaussée. Les fractures ont commencé à saigner, le temps de quelques battements de cœur, avant que la circulation routière ne supplante la circulation sanguine. Et compte tenu du type de fracture, il n'y a aucune chance qu'on l'ait précipitée par-dessus le parapet. Adjugé pour le suicide.

Je peux rendre mes conclusions aux enquêteurs. La tradition, dans mon service, est de fournir immédiatement en fin d'autopsie une conclusion orale provisoire. Elle est consignée dans le procès-verbal des enquêteurs. Et consciencieusement notée par Sophie dans notre dossier.

— OK chef, vous pouvez y aller, je prends les notes.
— Bon, pour l'identité, je confirme grâce à la présence de tatouages caractéristiques sur les chevilles.
— Et pour les causes et circonstances du décès ?
— Là, c'est plus compliqué. Je résume, notez bien : « Plam. Scroutch. Qouiiitchhhhhh… Slam slam slam… Slam slam slam… Poooowww. »

— Pardon ?

Après quelques secondes les yeux écarquillés, l'enquêteur est parti dans un fou rire qui n'en finit plus. Les larmes aux yeux, il décompense sa nuit d'horreur. Puis sort de la salle, histoire de récupérer son souffle.

— Chef ?
— Oui ?
— Vous pouvez être plus précis ?
— Ah oui, j'ai dû oublier un slam slam slam…
— Merci, chef. Je me disais bien qu'il manquait quelque chose.

L'interne, assez pâle et silencieuse jusque-là, s'en mêle : « J'ai rien compris. »

— Bon. Nous n'avons rien trouvé de suspect sur ce qui reste d'intact. En plus on a un bon argument avec ses antécédents de suicide. Donc, toute seule comme une grande, elle saute du pont, se reçoit sur les talons qui éclatent. Plamm, bruit sourd, c'est le choc contre le macadam. Scroutch, ce subtil mélange de craquements et d'écrasement, c'est le premier passage de roues. Qouiiitchhhhhh… avec ce bruit de succion à l'envers, c'est la peau qui éclate, et les organes qui fuient. Puis slam slam slam… slam slam slam, ce doux bruit répété, ce sont les roues jumelées successives de tous ces chauffeurs qui lui sont passés dessus. Poooowww c'est le klaxon du dernier poids lourd qui a failli écraser le chauffeur. D'ailleurs, à la réflexion, on a failli avoir une deuxième galette… Cooool, non ? On aurait pu monter une crêperie…

Cette fois-ci, mon interne prend un air consterné. Du genre « Comment peut-on dire des choses pareilles ? » Mais brutalement elle fond en larmes. Entre deux sanglots et trois reniflements, j'entends comme un murmure : « C'est trop dur, ce boulot. J'y arriverai jamais... » Puis brutalement elle part elle aussi dans un fou rire nerveux sans fin.

Humour noir, très noir, mais qui me sauve. Sinon c'est moi qui craque. Une sourde envie de vomir ne m'a pas quitté de toute l'autopsie et il m'a fallu à plusieurs reprises réprimer des haut-le-cœur. Pourquoi elle et pas une autre ? Je ne sais pas. Sans doute le côté « plat du jour »...

Et maintenant ? Problème : la famille veut voir la victime... Alors que les uns et les autres récupèrent leur calme, cette annonce par l'agent d'amphithéâtre me rappelle brutalement à la réalité. Une coulée de sueur froide me parcourt le dos et les soubresauts de mon estomac disparaissent aussitôt : il faut agir. Mais comment ?

J'ai toujours accepté le principe de présenter les défunts à leurs familles, quels que soient leur état et les difficultés. Sans leur mentir mais en essayant de les choquer le moins possible. Il faut les rencontrer, leur suggérer l'état du corps. Mais suggérer seulement. Toujours avec finalement un argument assez simple lorsque les conditions sont difficiles, ou extrêmes comme ici : mieux vaut garder le souvenir du défunt qu'ils ont connu, cette image d'une personne aimable, souriante, qui les aimait tant et qu'ils aimaient tant. Bon, évidemment, s'ils se détestaient, c'est plus compliqué.

En cas d'échec, j'ai d'autres ressources, par exemple montrer des radios, les moins terribles en premier. Mais aujourd'hui, rien à faire. Les parents sont inflexibles. Voir pour s'assurer de la réalité. Que leur fille est réellement morte.

Je répète le choc brutal contre le sol. Silence obstiné de mes interlocuteurs. Le trafic routier. Ils ne veulent pas comprendre. Le « passage » des poids lourds. Rien à faire. Je n'ose pas le mot « écrasée », ni la comparaison avec les chats du même nom. Pourtant elle serait utile, qui n'a pas vu une galette féline aplatie sur la chaussée ? Mais elle est trop inhumaine. Je suis mal parti.

Involontairement, la maman me donne la solution : « Docteur, on ne veut pas tout voir, on veut juste être sûrs. On sait bien que ce ne doit pas être beau. » Le « pas tout voir », voilà l'idée. Juste montrer un bout. Je repense à mon car de Marocains, en 2004, et à ce neurochirurgien amoureux des pieds de sa femme qui l'avait identifiée avec cette petite partie de son anatomie. Les pieds... les chevilles... les tatouages ! Mais c'est bien sûr !

Je leur demande de quitter le service une heure, de poursuivre leur réflexion en leur expliquant mon projet. Ils peuvent revenir ensuite pour identifier leur fille.

Entre-temps je prépare l'évènement. Ma galette a subi les affres de mon autopsie, elle n'est plus si plate que cela, mais est encore moins présentable. Je rassemble les pauvres restes. J'ai réduit la largeur, mais au lieu de trois centimètres d'épaisseur, j'arrive péniblement à cinq. Ce n'est pas gagné !

Faire semblant, comme le suggère la surveillante (on les appelle maintenant des « cadres ») des agents d'amphithéâtre, en rajoutant du volume pour reconstituer une silhouette dans sa housse ? Mais alors comment expliquer que je ne veux pas qu'ils voient leur fille ? Et pourquoi pas la regonfler à l'air comprimé ? Ou mettre un polochon ? C'est sympa, un polochon, pour reposer en paix...

Pas question !

Il me reste une seule solution : la technique de la momie. Il s'agit d'envelopper tout le corps de bandes Velpeau larges en respectant les déformations du corps, son aplatissement en particulier. Et en laissant visible ce qui reste présentable. Aujourd'hui les mains (croisées sur le thorax) les poignets, les chevilles et les pieds laissés nus pour la bonne cause.

Deux heures plus tard, la famille quitte le CHU définitivement, apaisée autant que faire se peut après une heure passée à contempler les chevilles, mais exclusivement les chevilles.

Je rentre chez moi, épuisé.

13 Angoisse aux assises

Un silence de mort règne dans la salle. L'audience de la cour d'assises de Poitiers vient brusquement de prendre un tour dramatique. Plus personne ne bouge, et surtout pas le greffier, qui a un revolver braqué sur sa tempe.

J'ai le temps de penser « t'es vraiment un imbécile de t'être mis dans une situation pareille... ». En même temps, je me souviens de ces assises, à Nantes, en 1985, où la cour avait été prise en otage. La première affaire du RAID, avec un dénouement en 37 heures, sans victime. Aujourd'hui, j'ai une certitude : le RAID ne pourra rien pour nous. Et je n'ai aucune envie d'y passer la nuit.

L'affaire commence par une banale levée de corps, dans un vieil immeuble décrépi du centre-ville. La bâtisse à l'abandon a été squattée par quelques clochards qui y ont élu domicile. Un matelas jeté à même le sol, quelques chaises bancales et une table pliante constituent la totalité du mobilier. Dans un coin, une antique gazinière recouverte d'une gangue de graisse figée indique le peu d'intérêt des occupants pour la cuisine familiale. Ici, on mange liquide de préférence, et sans modération, comme semble l'attester l'impressionnante collection de bouteilles vides entassées un peu partout.

C'est dans ce gourbi que je retrouve les policiers du commissariat. Le motif de leur appel est étendu sur le matelas, les bras en croix, avec un joli trou rouge sur la tempe gauche. Le trépassé n'est pas seulement mort, il est aussi très amoché. Les yeux pochés, la lèvre fendue, les poings abîmés, tout cela sent la rixe et le litron. Pour la suite, je préfère opérer dans ma salle d'autopsie plutôt que dans ce local crasseux et sombre. J'emballe donc rapidement le client, la tête et les deux mains enfermées dans des sacs en papier kraft afin de ne pas perdre le moindre indice, et direction l'institut médico-légal.

La radiographie du cadavre, préalable rituel au premier coup de scalpel, donne les premières indications sur les causes de la mort : la boîte crânienne contient une multitude de minuscules projectiles. Je penche pour de la grenaille de plomb tirée par un calibre 22. Le reste du corps ne présente aucune trace traumatique profonde.

Après ouverture de la housse, c'est le déshabillage, qui d'ordinaire, sur un cadavre de la veille, ne pose guère de problèmes olfactifs. Mais l'objet de mon attention avait une interprétation toute personnelle des règles de l'hygiène corporelle. Je dois reconnaître que le mélange des relents de crasse et d'alcool peut avantageusement rivaliser avec les puanteurs traditionnelles.

La dissection ne révèle rien d'extraordinaire. D'ailleurs, il ne buvait que de l'ordinaire. Il a encore l'estomac plein de gros rouge. Et ce n'est pas son foie fibrosé au dernier degré par une cirrhose avancée qui dira le contraire. Monsieur picolait.

Je passe ensuite à l'examen de la tête, siège du coup de feu mortel. L'orifice d'entrée présente des berges noircies caractéristiques d'un tir à bout touchant, cette circonstance où le canon est au contact direct de la peau. J'incise le cuir chevelu d'une oreille à l'autre en passant par le sommet du crâne et en évitant la plaie. Fait inhabituel, la peau se décolle sans la moindre difficulté. En fait, une partie des gaz émis au moment du tir s'est infiltrée entre la peau et l'os, provoquant ce décollement fort opportun qui aide mon travail.

Habituellement, décoller le cuir chevelu du crâne est une manœuvre plutôt physique. Ce jour-là, c'est un bonheur tellement c'est facile. Bizarre.

Un jeune policier en formation assiste à mon autopsie, c'est sa première. Plutôt pâlot, mais il tient encore le coup. Je lui ai prodigué le conseil classique : s'il se sent mal, il s'assied par terre immédiatement. Car le temps qu'il comprenne comment fonctionne la porte, il se sera étalé inconscient sur le sol. Alors pour ce qui est de le soigner…

Il faut rapidement le distraire. J'hésite parmi mes blagues les plus fines. Les Indiens et les légistes ? Un de mes classiques. Non, pour lui, je vais faire plus spirituel.

Je rabats les deux lambeaux l'un sur l'arrière du crâne, l'autre vers l'avant jusqu'à recouvrir les yeux de mon patient.

— Vous savez pourquoi je lui ouvre le cuir chevelu comme cela ?
— Euh… non, monsieur.

— Mettez-vous à sa place.
— Je ne peux pas imaginer.
— C'est franchement ignoble, non, comme spectacle ?
— Oui, ignoble.
— Et bien le cuir chevelu sur les yeux, c'est pour qu'il ne voit pas l'horreur de ce que je lui fais.

Le stagiaire réprime difficilement un haut-le-cœur. Ma plaisanterie tombe à plat. Le bide. Bon, cela ne marche pas à tous les coups.

Je reprends mes instruments. Je n'ai plus qu'à découper la calotte crânienne à l'aide de ma scie oscillante, en évitant l'orifice de la tempe. Je soulève la calotte et la détache de la dure-mère. Puis j'ouvre celle-ci, et enfin je tranche le cerveau par une coupe quasi horizontale, dans l'axe de la direction de tir que j'ai repéré sur les radiographies. Une fois la partie supérieure du cerveau ôtée, la coupe montre le canal sanglant tracé par la charge de plomb dans le tissu cérébral. Son diamètre, voisin d'un centimètre près de l'orifice, va en s'élargissant pour atteindre presque quatre centimètres près de la paroi crânienne opposée. Le long du trajet, la matière cérébrale est transformée en bouillie, avec une zone plus large autour de l'orifice d'entrée.

La conclusion est rapide : non seulement les plombs ont fait des dégâts, mais également les gaz de la cartouche. Ce sont eux qui ont décollé le cuir chevelu, préparant mon autopsie, et accentué les lésions du cerveau. Il ne s'agit pas d'un tir banal, mais d'une circonstance particulière : un tir à bout touchant appuyé. La peau est comprimée par le canon de l'arme, ce qui empêche les gaz de s'échapper à l'extérieur du crâne.

Quant à la direction de tir, elle est légèrement descendante, de gauche à droite et d'avant en arrière.

Le temps d'écrire mon rapport, l'auteur du coup de feu est rapidement identifié parmi les compagnons de beuverie de la victime. Sorte de brute avinée, le gaillard qui terrorisait son monde avait fait de la victime son souffre-douleur habituel. Le moindre prétexte était bon à déclencher les hostilités, généralement à sens unique. Le plus faible prenait une bonne rouste, et on passait à autre chose.

Le jour du drame, tout avait commencé comme cela. D'abord, une dispute sur la qualité du pinard. Chacun avait rapporté son casier de douze litres, chacun avec sa marque favorite. Certes, ce n'est pas le flacon qui fait l'ivresse, mais on a ses habitudes, dans le milieu de la picole. Le ton était rapidement monté, d'abord à cause de la comparaison gustative. L'auteur ne supportait pas de voir son grand cru trois étoiles Spar déclassé. Puis ce furent les discussions et marchandages sur la contribution financière des uns et des autres qui envenimèrent la situation. Jusqu'à ce que le costaud fasse valoir son point de vue en mettant son poing dans la vue de son alcoolique acolyte. « Mais ce n'est pas moi qui ai commencé, plaidera plus tard l'agresseur, c'est lui. Il m'a mis des coups de poings. » Ce qu'attestent effectivement les phalanges contusionnées de la victime.

Le débat clos, les deux protagonistes et les témoins de la scène ont procédé à quelques libations complémentaires. Dans cette ambiance affable, une aimable conversation s'est amorcée sur le thème « mais toi, comment fais-tu pour te faire respecter ». La brute a alors expliqué qu'il avait sur lui ce qu'il fallait pour cela, résistant à plusieurs reprises aux sollicitations de ses collègues de libation. Mais après une foule de « fais voir, fais voir », il sortit son pistolet. Car c'est bien connu chez les mecs, comme dans les cours d'école, c'est celui qui a le plus long qui est le plus fort. Une vieillerie, vendue autrefois sous l'appellation « pistolet d'alarme », qui ne tire que des cartouches à blanc, ou, en faisant un petit effort, de la grenaille. Un engin qu'il avait déniché on ne sait où.

Alors que la victime contestait le terme, précisant que ce n'était pas un pistolet mais un révolver, que c'était d'ailleurs toute la différence entre James Bond et Lucky Luke, ce que contestait à son tour l'auteur, expliquant (car il avait des lettres) que le terme « pistolet » venait de « pistala » qui imite le sifflement, comme celui d'une balle, que de ce fait « pistolet » pouvait avoir un sens plus général car le sifflement de la balle était le même pour les deux armes, alors que « révolver », lui, venait de « revolvare », tourner, comme le barillet du revolver, ce qui supposait un usage plus restreint du terme, commentaire qui amenait la victime, dans un effort désespéré pour avoir le dernier mot, à faire une allusion sordide aux origines belges de l'auteur, qui, disait-il, serait bien capable de jouer à la roulette russe avec un pistolet automatique, ce que ce dernier contestait formellement car il était bien connu que Lucky Luke était lui aussi d'origine belge et que ce n'est pas parce qu'on a des lettres, monsieur, qu'on ne sait pas faire la différence entre un pistolet et un revolver et que d'ailleurs le fait d'utiliser un terme au sens plus général pour parler d'un revolver était la preuve d'un savoir qui hélas se perdait avec ces imbéciles tout juste bons à regarder des James Bond, qu'à propos de roulette russe…

— Pan ! C'est à ce moment que le coup est parti. Accidentellement, monsieur le président.

C'est en tout cas ce scénario qui est en discussion devant la cour d'assises lorsque j'interviens. Je confirme la bagarre, attestée par les hématomes relevés sur le corps de la victime, et j'explique que le tir mortel a été effectué « à bout touchant appuyé ». Le canon était tellement pressé contre la tempe de la victime que les gaz émis au moment de la détonation ont tous pénétré dans le crâne.

Le président interroge alors l'accusé.
— Monsieur, vous affirmez que le coup est parti accidentellement. Cela ne concorde pas avec ce que vient de nous dire le médecin légiste.
— Moi, monsieur le président, je faisais des grands gestes, alors peut-être qu'à un moment, ça a pu toucher la tempe. Mais je vous le dis, c'est un accident.

Le débat s'enlise. J'ai beau expliquer et expliquer encore, je sens bien que les jurés n'arrivent pas à visualiser ce qu'est un bout touchant appuyé par rapport à un coup qui partirait accidentellement.

Le président intervient.
— Docteur, il va falloir faire quelque chose.
— Il n'y a qu'une solution, monsieur le président. Il faut que je vous montre.
— C'est d'accord. Monsieur le greffier, veuillez donner l'arme au médecin légiste.

Murmures dans le public.

L'arme est là, sur la table des scellés. Le greffier me la tend. Avec la bénédiction du président, je romps le scellé de cire rouge qui l'entoure.

Je procède tout d'abord aux vérifications d'usage : m'assurer qu'elle n'est pas chargée. On ne sait jamais. En plein procès, cela ferait mauvais genre.

Canon dirigé vers le sol, je fais basculer le barillet de façon à le faire sortir de son axe. Les cinq chambres dans lesquelles viennent se loger les munitions sont vides. Car c'est bien un révolver. Je présente ensuite l'arme, toujours barillet ouvert, au président de façon à bien lui montrer que l'arme est inoffensive. Mais il me manque encore un ingrédient pour ma démonstration.

— Monsieur le président, il me faut une victime. Est-ce que je peux demander à monsieur le greffier de bien vouloir remplir ce rôle ?

Je vois une lueur d'inquiétude passer dans le regard du bonhomme, tandis que le président, un léger sourire aux lèvres, approuve sans mot dire. Ce sourire va se dissiper très vite, alors que je me mets en situation, près de l'huissier en robe noire, presque contre lui. Lentement, afin que les jurés prennent bien conscience du geste, j'amène l'arme à hauteur de la tête de ma vraie-fausse victime. Puis, avec une force simulée, je colle le canon contre sa tempe.

Pendant quelques secondes, le temps s'arrête. Public, jurés, magistrats, avocats et policiers semblent soudain tétanisés. La bouche sèche, j'annonce :

— Pan ! Voilà, monsieur le président... Après, les gaz se dispersent dans la tête. Si le tir n'est pas appuyé, comme c'est le cas dans un tir accidentel, les gaz s'échappent essentiellement à l'extérieur. Et le résultat de mon autopsie est différent.

Je sens que la démonstration a porté et qu'enfin, tout le monde a bien compris ce que je voulais dire. Je libère le pauvre greffier avant qu'il ne tourne de l'œil, repose le pistolet sur la table des scellés. Un léger « ouf » collectif salue mon geste et libère la pression accumulée dans la salle.

Les jurés n'ont pas retenu la version « accidentelle » et ont condamné le tireur à dix années d'emprisonnement.

14 La litanie des tricheurs

Chaque année, des milliers de personnes demandent l'asile politique en France. La plupart ont pour cela de bonnes raisons. Mais il existe aussi quelques resquilleurs prêts à se faire passer pour des persécutés afin d'obtenir le précieux permis de séjour. Déposer un dossier avec une expertise médico-légale établie par un spécialiste, c'est le meilleur moyen de décider l'Ofpra[6] à donner un avis favorable. Car ce sont ces rapports qui permettent de vérifier les affirmations des candidats à l'asile. C'est à la demande d'une association d'aide aux victimes de Poitiers que je procède à l'examen de plusieurs patients en quelques jours.

La première est une femme Noire, parlant un français parfait. La dame m'explique que dans son pays d'origine, elle a été arrêtée à plusieurs reprises en raison de ses opinions politiques, que chaque fois elle a été frappée, violée. Ces tragiques évènements s'étant déroulés il y a fort longtemps, il m'est évidemment

---

6 L'OFPRA (Office français de protection des réfugiés et apatrides) est un établissement public chargé de délivrer la reconnaissance de la qualité de réfugié.

impossible de procéder au moindre constat. Un rapide examen confirme l'absence de toute trace traumatique visible sur le corps de cette personne. Tandis qu'elle se rhabille, elle me donne quelques précisions sur les violences exercées à son encontre.

— Ils me tabassaient, ils me frappaient au visage, docteur. D'ailleurs, je vous ai apporté des photos.

La dame sort de son sac une poignée de clichés sur papier glacé, manifestement pris dans un paysage africain. J'aperçois en arrière-plan quelques palmiers déplumés plantés dans une terre ocre. La dame pose devant l'objectif pour ce que les photographes appellent un « plan poitrine » englobant la tête et les épaules. Malgré la qualité très moyenne de la prise de vue et du tirage, je distingue nettement deux énormes hématomes qui décorent ses pommettes.

Je me penche sur l'image pour tenter de mieux évaluer les traces de violence, mais je suis gêné par les reflets des néons de mon bureau sur le brillant de la photo. Alors je cherche un angle d'éclairage plus adéquat.

J'incline l'image dans différentes positions pour me débarrasser de ces maudits reflets. C'est alors que je constate une chose curieuse. Les pommettes de la dame ne brillent pas. Aucune des deux. Intrigué, je place l'image sous ma loupe à fort grossissement. Gag : je vois alors très distinctement les contours d'une retouche à la gouache.

Un peu énervé, je note dans mon rapport la grossière falsification des documents qui m'ont été présentés.

Le lendemain, la deuxième candidate est une petite femme râblée venant tout droit du Congo. À l'appui de sa demande d'asile, elle m'explique que, engagée dans la rébellion, elle avait été capturée par l'armée régulière congolaise. Elle avait été violée et torturée à la baïonnette pendant des heures. Ses bourreaux n'avaient cependant pas osé la tuer. Mais ils lui avaient promis la mort si elle était reprise. Elle s'était donc empressée de quitter le territoire congolais pour se réfugier en France.

Devant moi, la dame refait le récit de ses mésaventures, parle longuement des tortures à la baïonnette, des cicatrices qui lui en restent.

Puis je l'examine. Elle relève tout d'abord ses manches, me montrant deux marques très nettes sur les avant-bras. Les cicatrices sont très superficielles, sans bourrelet induré ni dépression sous-jacente. La dame sent que je ne suis pas vraiment convaincu, alors elle argumente.

— Vous savez, docteur, ils passaient juste la lame sur la peau.

Sacrée lame, qui devait couper comme un rasoir ! Mais finalement je me garde de douter de ses dires, me rappelant d'un homicide accidentel avec une baïonnette qui avait fait la guerre d'Algérie avant de finir comme couteau à rôti puis dans le thorax du gendre d'un papy parkinsonien. Elle aussi avait un tranchant à faire rêver un chasseur de gros gibier lors de sa découpe.

— Vous allez voir, sur le ventre, ils m'en ont fait pleins. C'était horrible. J'ai souffert le martyr.

Elle ôte ses vêtements, dévoilant sur l'abdomen une série de cicatrices d'environ deux centimètres et demi de longueur chacune. La peau, au niveau des incisions, forme une sorte de bourrelet épais et en relief. Ces marques sont réparties en deux groupes symétriques par rapport à la ligne médiane. Elles sont parfaitement parallèles entre elles et s'étagent du pubis au nombril.

Cette patiente me prend indiscutablement au mieux pour un ignorant, au pire pour un imbécile. Ce que j'ai sous les yeux, ce sont des scarifications rituelles. Ces incisions superficielles de la peau fréquemment observées dans certaines régions d'Afrique sont apposées pour signifier l'appartenance à un groupe social ou réalisées lors du passage à l'âge adulte. Je ne suis pas un spécialiste de la question, mais j'ai travaillé dessus peu de temps auparavant, à l'occasion de la rédaction d'un ouvrage collectif consacré à l'identification médico-légale. Les scarifications font partie des éléments pouvant aider à la reconnaissance d'un corps lorsque la victime a été totalement défigurée.

— Dites-donc, madame, lorsqu'on vous a fait cela, on ne vous a pas aussi limé les dents de devant ?

— Pourquoi vous me dites ça, docteur ?

— Parce que ce que vous me montrez là, ce sont les scarifications rituelles de votre tribu, au Congo. Vous le savez. Et souvent, ça va avec un petit rabotage à la lime des incisives. Vous n'avez rien trouvé de mieux ?

La patiente se rhabille sans un mot et s'en va.

Restant philosophe sur la nature humaine malgré mon envie de m'énerver un peu plus, j'hésite un instant à mentionner dans mon rapport que la victime essaie de me faire prendre des vessies pour des lanternes. Finalement je conclus en professionnel : « Mme X a tenté, lors de l'expertise, de faire passer des scarifications rituelles de l'adolescence pour des cicatrices de tortures répétées. »

Vingt-quatre heures plus tard, car il faut croire que l'association a fait un tir groupé, le troisième cas litigieux se présente sous l'angle de l'artiste maudit.

Originaire d'un pays du Maghreb, ce musicien aurait été censuré par les autorités locales. Arrêté à plusieurs reprises, battu chaque fois, ses tortionnaires ont voulu un jour le punir de façon définitive. Devant lui, ils ont rempli une grosse gamelle avec du sable, l'ont posé sur un grand feu et ont attendu que le sable soit brûlant. Puis ils lui ont plongé la main gauche, celle qui tient l'instrument, dans le sable.

— Depuis, docteur, je ne peux plus me servir de ma main.

Le pauvre garçon m'exhibe effectivement un pauvre organe atrophié et bien mal formé, résultat du supplice infligé par les méchants militaires.

Malheureusement pour ce patient, si le principe d'Archimède précise que « tout corps plongé dans un liquide reçoit une poussée de bas en haut égale au poids du volume d'eau déplacé », il n'existe à ma connaissance aucun « principe » concernant la réduction du volume de la main plongée dans le sable chaud. Ni surtout la fusion de plusieurs doigts entre eux : pouce et index d'une part, majeur et annulaire d'autre part, alors que la peau ne présente aucune cicatrice de brûlure : elle est bien souple, bien belle.

En résumé, j'ai face à moi une belle double syndactylie, une anomalie congénitale bien connue des gynécologues, des pédiatres et des chirurgiens orthopédistes. Mais celle-là a été traitée par le mépris.

Cette fois-ci très énervé, j'expédie rapidement le menteur.

Reste à faire mon rapport. Mais comment écrire dans les formes qu'il prend le médecin légiste pour le benêt du coin en essayant de faire passer ses bourreaux pour des fans des réducteurs de têtes ?

C'est alors que me revient à la mémoire cette pensée profonde (dont j'ai oublié l'auteur, qu'il soit réel ou imaginaire) : « Il n'est pas de problème qu'une absence de solution ne finisse par résoudre. »

J'abandonne ma rédaction et passe à un autre sujet. Le rapport attendra.

Quelques jours plus tard, l'association se manifeste.

— Docteur, on attend le rapport de M. Y., vous savez, celui qui a eu la main plongée dans du sable brûlant, le musicien.

— Le musicien ? Quel musicien ?

— Vous ne l'avez pas vu en consultation ?

— Attendez, que je me souvienne. C'est que nous voyions tellement de demandeurs, en ce moment, grâce à vous.

— Oui, heureusement que nous sommes là, ils sont bien perdus.

— Alors, voyons, vous m'avez envoyé un superbe mannequin avec son press-book, là je me souviens. Très beau le maquillage, sur les photos. Et puis le lendemain c'était une jeune congolaise, pour illustrer mon prochain livre sur l'identification humaine. Très belles, les scarifications rituelles de sa tribu. Bien symétriques, bien en relief, un très beau travail. C'est dommage qu'ils ne lui aient pas limé les dents en même temps. C'est vrai que c'est dur, les rites initiatiques ! Si un jour vous avez ce type de rituel, je suis preneur aussi, hein, ne m'oubliez pas ! Et puis le dernier, celui qui avait une anomalie congénitale de la main, c'était un joueur de pipeau, c'est cela ? Oui, du pipeau. Je crois que c'était du pipeau. Mais je ne savais pas qu'en plus il était musicien ? Allo ? Allo ?

Un grand silence s'est établi sur la ligne. Puis un « clic » termine la conversation. Par la suite, je ne verrai plus jamais de nouvelles victimes imaginaires. L'association s'est trouvé un autre correspondant.

15 Tour de rein

Patients, méfiez-vous des lendemains de fête. Le premier opéré d'un 2 janvier en a fait la triste expérience. Entré au bloc pour se faire retirer le rein droit, il en est ressorti sans le rein gauche. Et sans la moindre explication sur ce qui venait de se passer.

C'est pour éclaircir les responsabilités dans cette affaire que je suis mandaté par un juge d'instruction, en compagnie d'un confrère légiste. Nous voilà partis tous les deux par un petit matin de printemps, en direction du Limousin, afin d'aller à la rencontre du plaignant, un brave agriculteur.

Le récit de l'opéré est assez simple. Lors d'un examen de routine, on lui a trouvé une tumeur sur le rein droit. On lui a dit qu'il fallait ôter ce rein malade et qu'ensuite, tout irait bien. Il a donc suivi l'avis du médecin et s'est inscrit pour l'ablation de son organe malade. Ce qui a étonné le brave homme, à son réveil, c'est qu'il n'a pas vu le chirurgien. Bah, c'est le 2 janvier, presque encore les fêtes, sans doute est-il rentré chez lui, s'est dit le bonhomme. Je le verrai demain.

Mais ni le lendemain, ni le jour d'après, il ne reçoit la visite de l'homme de l'art. Et puis il y a sa cicatrice. Il sent bien qu'elle est plutôt à gauche. On lui avait pourtant dit qu'on lui enlèverait le rein droit. Alors il pose des questions aux infirmières, qui semblent très gênées. « Vous verrez avec votre chirurgien, il va vous expliquer. »

Ce n'est que la veille de sa sortie de l'hôpital, neuf jours après l'intervention, qu'il reçoit enfin la visite du praticien. Lequel lui explique que l'opération ne s'est pas passée comme prévu. Qu'il devait opérer le côté droit. Mais qu'il a préféré commencer par vérifier le côté gauche, et qu'il a eu bien raison. « Tenez, regardez. Je vous ai apporté les résultats des analyses. Vous voyez, c'est écrit là : rein gauche, deux micro-tumeurs d'un diamètre d'environ 5 millimètres. » Il fallait donc l'enlever. « Pour le rein droit, vous verrez avec un urologue que je vais vous conseiller, sur Limoges », conclut le chirurgien avant de filer.

Perplexe, le bonhomme flaire quelque chose de pas très net derrière tout ça. Il n'en suit pas moins le conseil et consulte l'urologue du CHU de Limoges. Car il faut bien s'occuper de la tumeur du rein droit, une énorme boule de près de 10 centimètres de diamètre. L'agriculteur est donc réopéré pour une ablation partielle. Les chirurgiens enlèvent la tumeur et un morceau du rein droit, en espérant que ce qui restera de l'organe pourra assurer la fonction urinaire correctement. Et surtout éviter une hémodialyse à vie.

Le pari est gagné, la coupe du rein est passée « en zone saine » selon le compte rendu anatomopathologique. Une chance dans son malheur. Mais le malade doit désormais s'astreindre à des séances de chimiothérapie et de radiothérapie complémentaires. Un vrai parcours du combattant pour le malade, qui finit par comprendre ce qui s'est vraiment passé et que personne ne lui a dit. Il y a eu erreur lors de la première intervention.

Les médecins se sont moqués de lui, on lui a enlevé un rein sain, on l'a mené en bateau pendant des mois, on l'a obligé à une nouvelle opération, à des soins longs et pénibles. Très bien. Maintenant, il va falloir rendre des comptes.

Le bonhomme, bien décidé à ce que justice se fasse, et habilement conseillé par son avocat, dépose donc une plainte. Pas à la gendarmerie du bourg, ni même au commissariat de Limoges. Trop facile, dans ces cas-là, de classer l'affaire. Non, directement entre les mains du doyen des juges d'instruction. Cette procédure entraîne obligatoirement l'ouverture d'une information judiciaire et la désignation d'un juge pour enquêter. Ce qui est fait.

Pour mon confrère comme pour moi, l'affaire est assez simple. Il y a eu erreur de côté et la responsabilité du chirurgien est clairement engagée. Reste à expliquer comment cette erreur a pu être commise. Pour cela nous nous plongeons dans le dossier médical.

La clé de l'énigme est dans les notes manuscrites figurant au dossier. Le diagnostic est inscrit en toutes lettres : « tumeur du pôle supérieur du rein droit ». Au-dessous, sous la mention « conduite à tenir », après l'énumération des analyses et bilans à effectuer, apparaît la conclusion, là encore en toutes lettres : « néphrectomie rein gauche ». En l'espace de 10 lignes, on est passé d'un côté à l'autre. L'erreur initiale est là. Une faute d'inattention.

Il faut dire que « droite et gauche », c'est tout un programme. Quand le chirurgien examine son patient, sa droite est à sa gauche. Et réciproquement. Et oui, le côté droit du patient, lorsqu'il est debout face à son chirurgien, fait face à la main gauche du chirurgien. De dos, c'est l'inverse. La droite est à droite. Et sur le scanner, cela dépend de quel côté on place la planche radiologique sur le négatoscope, cette table lumineuse sur laquelle on regarde des clichés. Le patient y apparaît en coupe transversale, comme une tranche de saucisson. Par convention, le chirurgien (ou le légiste) regarde la coupe comme s'il regardait dans la direction de la tête d'un malade saucissonné et allongé sur le dos. Mais là, la machine a mis un « R » en regard du côté droit du malade, sur le côté gauche du cliché pour le chirurgien. Pour « right », droit, en anglais. Mais en tout petit. Si le chirurgien inverse la radio sur le négatoscope, la droite passe à gauche. Ou la gauche à droite, c'est pareil.

Vous n'avez pas compris ? Je vous l'avais dit, c'est tout un programme.

Bref, c'est donc en toute logique que le programme opératoire du 2 janvier annonce une « néphrectomie rein gauche ». Puisque c'était marqué dans le dossier, à la dernière ligne.

Lorsqu'il arrive en salle d'opération, le matin du 2 janvier, le chirurgien se conforme au programme opératoire, qui a repris les indications du dossier. Il n'a manifestement plus le souvenir de sa consultation avec ce malade, qui date d'avant les fêtes. D'autres patients, gauche-droite, droite-gauche, deux réveillons, quelques bouteilles sont passées par-là entre-temps.

Mais si, comme c'est l'usage, les clichés du scanner préopératoire avaient été affichés sur le négatoscope du bloc, il aurait pu se rendre compte de son erreur. Des clichés sur lesquels la tumeur crevait les yeux, tellement elle était volumineuse. Et située du côté du foie, qu'on voit bien sur les clichés. Le foie, qui est à droite. Et pas à gauche ! À gauche, c'est la rate, beaucoup plus petite, qui est près du rein gauche. Qui, lui, est a priori normal.

Si le chirurgien avait eu ces images sous les yeux, il se serait rendu compte de son erreur dès l'incision et aurait pu suspendre son geste. Malheureusement, ce jour-là, personne n'a pris la peine d'accrocher les clichés.

La faute est patente et indiscutable. Reste pour nous à dissiper un doute fâcheux. Cette présence de tumeurs cancéreuses dans les deux reins est peu fréquente et ne concerne que 10 % des cancers de cet organe. Le compte rendu médical n'aurait-il pas été un peu « arrangé » pour justifier l'intervention à gauche ? Je sais, j'ai l'esprit mal tourné. Mais si je n'étais pas un tantinet soupçonneux, je ne serais pas un bon légiste. Nous demandons au magistrat instructeur de saisir les prélèvements effectués sur le rein gauche et de les confier à un expert qui ne soit pas de la région. Lequel confirme la présence de cellules cancéreuses.

Poursuivi pour blessures involontaires ayant entraîné une incapacité totale de travail, le chirurgien est condamné à une peine de prison avec sursis, cette épée de Damoclès qui lui fera vérifier le côté à opérer dans les règles de l'art. Et à indemniser le patient. Un homme tenu trop longtemps dans l'ignorance, comme nous le comprenons le jour de notre visite chez lui. Lors des présentations, alors que je lui explique que nous venons faire l'expertise des suites de son opération pour un cancer du rein, notre hôte a un sursaut d'étonnement.

— Pour quoi, docteur ?

— Pour un cancer du rein, monsieur. Vous avez bien eu un cancer ?

— Ah non. On ne m'en a jamais parlé. On m'a dit que j'avais une tumeur.

16 Expertise

L'amour qu'un fils porte à sa mère est immortel. Malheureusement, l'objet de cette affection sans limite ne l'est pas. Un jour, la maman doit quitter ce monde, laissant derrière elle l'enfant tant chéri. C'est dans l'ordre naturel des choses. Sauf pour ce fils inconsolable qui m'occupe aujourd'hui.

Depuis le décès de sa mère, le monsieur ne décolère pas contre la médecine en général et quelques-uns de ses agents en particulier. Pour lui, si la vieille dame si chère à son cœur est morte, c'est parce qu'elle a été mal soignée. Il a donc saisi la commission régionale de conciliation et d'indemnisation des accidents médicaux, une institution mise en place en 2002 et qui permet à tout patient mécontent d'obtenir une expertise médicale pour le prix d'une lettre recommandée et celui des photocopies de son dossier médical. Certains ne s'en privent d'ailleurs pas.

Dans ces affaires médicales, le principe est toujours de « délocaliser » les dossiers, afin qu'ils ne soient pas évalués dans la région d'exercice des praticiens mis en cause. L'inconsolable orphelin a donc fait le déplacement depuis son sud-ouest, afin de m'expliquer son problème et de faire valoir ses doléances.

Mais il n'est pas seul. Pour que le débat soit contradictoire, j'ai convoqué les personnels qu'il accuse, et cela fait du monde. Car le monsieur rend responsable de la mort de sa maman à la fois le centre hospitalier local et un cabinet d'infirmières libérales. J'ai donc en face de moi, dans la grande salle de réunion du service de médecine légale, outre le plaignant, l'avocate de l'hôpital et les quatre infirmières incriminées.

Le dossier médical de la disparue fait état de quelques antécédents, « mais maman était en excellente santé, docteur, et elle avait toute sa tête ». Des broutilles, donc : une prothèse totale de hanche, une hypertension artérielle mal équilibrée, une insuffisance rénale chronique, une typhoïde, une hernie discale opérée. Dans le désordre. D'ailleurs, ça fait désordre.

En plus, dans cette belle liste, la typhoïde à l'âge de vingt ans fait tache, style « rayez l'intrus ». Mais non, insiste son fils : « Vous vous rendez compte, docteur, à l'époque, tout le monde en mourrait ! Elle, elle y a survécu ! C'est vous dire comme elle était solide ! » Bon, certes, mais il y a bien longtemps, car cette dame en excellente santé s'apprêtait à fêter… ses 101 ans.

Quoiqu'en dise son fils, on arrive rarement à cet âge avancé avec un organisme intact. Pour lui permettre de rester à son domicile, la dame reçoit la visite d'une infirmière matin et soir et d'une aide-ménagère tous les jours.

Puis, un jour de janvier survient une banale chute dans la maison. Le fils décide alors d'installer maman chez lui, au château. Belle et honorable décision.

Ce n'est pas la place qui manque, dans la grande demeure seigneuriale bâtie le long d'une charmante rivière. Seul inconvénient, chaque année, le cours d'eau déborde et inonde les terrains environnants, coupant l'accès à la maison le temps de la décrue. Qui peut prendre des jours. Il faut alors utiliser la barque pour rejoindre la civilisation. Chouette, les infirmières apprécient : c'est alors un peu Venise et ses gondoles, version barque à fond plat. Tout un programme.

Car le dispositif de soins qui accompagne la maman se déplace avec elle. On lui procure même un lit médicalisé, pour plus de confort.

Les infirmières libérales qui prennent la malade en charge font un bilan de son état général. Elles notent que la patiente ne peut se déplacer seule, qu'elle a besoin d'une aide totale pour son hygiène, qu'elle est incontinente et qu'elle a une communication presque nulle.

Pour elles, l'un des objectifs des soins prodigués matin et soir, sept jours sur sept, sera d'éviter la survenue d'escarres fessières, ces plaies qui affectent les zones de contact avec le matelas (fesses, talons, arrière de la tête) chez les malades immobiles. Bref, maman centenaire ou quasi, qui est en excellente santé, bon pied bon œil et toute sa tête, est « juste un peu grabataire ». Enfin, c'est l'ancien terme. Maintenant, on ne parle plus comme cela. De fait, lors de l'expertise, j'évite. Par respect. Mais je n'en pense pas moins.

Malgré toutes ces attentions, la dame connaît quelques soucis de santé.

En février, c'est un début d'occlusion intestinale : petit séjour à l'hôpital et à la clé, en supplément, des

« troubles du comportement avec une composante hallucinatoire ». Aïe, le cerveau trinque.

En avril, c'est une aérocolie, une grosse quantité de gaz dans le côlon. Ça fait très mal. Petit séjour à l'hôpital et à la clé, en supplément, un courrier maladroit qui, adressé au fils, ose parler d'une démence sénile de type Alzheimer. Mais le fiston dément : « Non, maman n'a jamais été démente. Je démens. » C'est dingue, non ?

En mai, les troubles de la vigilance s'aggravent. La dame passe de plus en plus de temps dans son lit, et malgré le matelas spécial sur lequel elle repose, en septembre, elle est atteinte d'escarres du sacrum. Un classique du genre dans ces conditions. Dix de der[7], elle est hospitalisée de nouveau quelques jours. Les escarres s'améliorent mais ne disparaissent pas. Elle rentre au château.

C'est alors que les relations avec les infirmières qui se dévouent matin et soir au chevet de la centenaire ne tardent pas à s'envenimer. C'est que le fils attentif conteste le protocole de traitement des escarres, pourtant établi par l'hôpital. Il assiste aux soins, prodigue ses conseils, refait même les pansements. Clandestinement.

Cependant je n'arrive pas à savoir s'il parcourt les combles la nuit de pleine lune à la recherche de toiles d'araignées et de bave de chauves-souris, recette miracle du bréviaire des guérisseurs du Moyen Âge pour le cataplasme.

---

7 Oui, belote, rebelote, dix de der... La totale, quoi.

Devant ces interférences incontrôlables, les infirmières conseillent au fils mal commode de s'adresser à un autre cabinet, à qui elles transfèrent le dossier de madame mère.

Peu après, hospitalisée en urgence une fois de plus, quelques jours avant son cent-unième anniversaire, celle-ci rend son dernier soupir.

Le chagrin du fils est immense. « Maman était tout pour moi. » Je comprends vite sa douleur, son déni de la démence qui le guette dans l'avenir, quand il aura à son tour les cent ans.

Car dans la famille le grand âge est difficile : tous finissent par mourir ! C'est dingue, non, ce tragique destin de centenaires qui meurent comme des mouches !

Mais surtout très vite la douleur fait place à la colère, car : « Ce n'est pas normal, n'est-ce pas, docteur ? Si elles avaient été mieux soignées... Maman, en particulier. »
Depuis, il ne cesse d'accuser le personnel médical. « Vous comprenez, docteur, maman était en parfaite santé. Elle a été mal soignée, c'est tout. » Les infirmières ? Des incapables. L'hôpital ? Un vrai scandale.

À 80 ans, l'homme pourfend avec une belle énergie celles et ceux qui ont pris soin de sa vieille maman. Mais je ne retrouve aucune faute dans le dossier, tout le monde a fait son travail avec une abnégation sacerdotale. Le métier de soignant est parfois très ingrat.

Finalement, en désespoir de cause, le fils lance son dernier argument : « En plus, docteur, même si on vit vieux, on finit tous par mourir, dans la famille... Et à chaque fois, c'est à l'hôpital ! »

Ah bon ? Je viens d'apprendre quelque chose : il est totalement anormal de mourir à 101 ans...

17 Poison

La mission que je reçois, ce matin-là, se présente sous la forme d'un énorme dossier. Des dizaines de déclarations, de plaintes, d'expertises, d'interrogatoires qui racontent le calvaire de Martine, 50 ans. Au cours des six dernières années, elle a multiplié les malaises, les examens médicaux et les séjours à l'hôpital. Puis elle s'est décidée à porter plainte, persuadée d'être lentement empoisonnée par son mari. Un médecin généraliste.

Le juge d'instruction me demande de « formuler un avis sur les troubles présentés par la plaignante et la médication reçue, notamment celle administrée par son époux ».

En attendant de pouvoir examiner la plaignante, à qui j'ai adressé une convocation en bonne et due forme, je me plonge dans la lecture des pièces de la procédure. Le moins que l'on puisse dire, c'est que la contribution de la plaignante au déficit de la Sécurité sociale mérite le respect.

En six ans, elle a répété les consultations et épuisé une bonne dizaine de médecins, autant de spécialistes en tous genres, avalé des quantités impressionnantes de médicaments, accumulé les examens médicaux et les hospitalisations. Tout ça pour tenter de venir à bout des crises qui la frappent.

Des crises étranges, toujours les mêmes. Elles commencent par sa vue qui se voile. Puis ses yeux se révulsent, ses mâchoires se contractent, ses membres se mettent à trembler, la peau des mains la picote, elle transpire abondamment, sa gorge se serre, la mettant au bord de l'asphyxie, le tout accompagné d'un fort sentiment d'anxiété.

Les confrères qui se sont succédé au chevet de Martine ont suggéré les hypothèses les plus variées, selon leur sensibilité et leur formation d'origine : désordre hormonal pour les uns, hypotension pour les autres, attaques de panique, somatisation... Certains ont même repris d'anciennes terminologies : hystérie...

Tous ont noté un point commun : un état dépressif chronique et une grande anxiété, qu'ils ont traités par des prescriptions d'antidépresseurs et d'anxiolytiques divers.

D'où des ordonnances à rallonge, longues comme le bras, faisant la fortune des pharmaciens.

Mais pour Martine, qui maintenant fréquente assidûment les bancs du palais de justice, ne loupant aucune session d'assises, histoire de s'imprégner de toutes les turpitudes humaines, ses maux ne peuvent provenir que d'une seule et unique origine. Son mari l'empoisonne, il lui administre des neuroleptiques à son insu. Comment ? Dans son alimentation, bien sûr.

Et comme il est aussi son médecin de référence (un de plus !), il participe allégrement aux traitements de son épouse en lui injectant, lors de ses crises, du Lepticur. Hasard, il s'agit d'un produit qui permet de lutter contre les effets secondaires des neuroleptiques.

Interrogée par les policiers qu'elle harcèle désormais après chaque nouvel accès, Martine précise sa thèse. Son mari aurait élaboré un stratagème en deux temps.

En mettant des neuroleptiques dans son café, il provoque ces terribles crises, qu'il peut ensuite combattre par les piqûres de Lepticur.

Pourquoi ? Pour qu'elle devienne dépendante de lui et qu'elle ne le quitte pas.

L'époux mis en cause, longuement entendu par les enquêteurs, rejette bien entendu ces accusations. Pour lui, si personne ne connaît la cause des crises, il n'a fait que les soulager. Au Lepticur.

Lorsque je referme le dossier, il fait encore jour dans mon bureau. J'ai pourtant un peu de mal à y voir clair. Je compte donc sur l'examen de la plaignante pour apporter un peu de lumière dans cette ténébreuse affaire.

Les premières nouvelles de Martine ne sont pourtant pas de nature à m'éclairer. Ma convocation revient avec la mention « n'habite plus à l'adresse indiquée ». Les indications que m'avait données la greffière du juge ne sont manifestement pas les bonnes. Je me retourne donc vers les enquêteurs, qui disposent dans leurs fichiers d'une autre adresse. Nouveau recommandé, et nouvel échec. Il me faut plusieurs mois avant de parvenir à localiser ma patiente. Lorsqu'enfin elle se présente devant moi, je découvre une belle femme, bien de sa personne, soignée dans son apparence, calme et posée. Au point qu'un court instant j'ai un doute : est-ce bien la femme déprimée, se laissant aller que mentionnent les dossiers médicaux ? Une carte d'identité plus tard, c'est oui. Changement spectaculaire !

Divorcée de son médecin, elle a repris ses études et passé avec succès le concours d'entrée à l'école d'infirmières. Le tout bien loin de la région.

À ma demande, Martine reprend l'histoire de ses malheurs depuis son mariage avec mon confrère. Avec beaucoup de regrets dans la voix, car si elle lui en veut de cet empoisonnement, elle est quand même restée sous le charme et a constitué avec lui une bibliothèque de souvenirs extraordinaires. C'est une copine de fitness qui lui avait donné l'adresse de ce médecin, alors que dépitée par des aventures sans lendemain elle recherchait une solution à un coup de blues. Séduite par sa beauté exotique, charmée par sa faconde, elle était très vite passée de son statut de patiente à celui de maîtresse.
La première fois, c'était d'ailleurs lors d'une consultation pour son suivi gynécologique.

Les larmes aux yeux, complètement désinhibée par l'intensité de ce qu'elle a vécu ce jour-là, elle rentre dans des détails intimes dignes de la littérature érotique. Devant ce besoin de libérer sa parole, je me garde de l'interrompre.
Comme elle en avait l'habitude, connaissant les contraintes de l'examen gynécologique, elle s'était déshabillée rapidement, tournant pudiquement le dos au praticien. Puis, ne gardant que ses chaussures à talon qui cambraient son dos et mettaient en valeur sa plastique, elle s'était dirigée vers le divan d'examen. Forcément, elle était déjà nue, lui encore habillé. Mais si beau, avec son regard de braise. Elle avait bien remarqué la bosse de son entrejambe, mais s'était abstenue de tout commentaire.

Bien installée sur le dos, les chaussures calées dans les étriers, elle avait attendu la suite.

Après une palpation des seins à lui faire dresser les tétons et lui donner des frissons de la tête aux pieds, elle n'avait pas résisté, sa main avait glissé dans l'entrejambe, confirmant immédiatement sa première impression. Elle avait alors saisi la tête de son praticien pour la diriger droit entre ses jambes. Où il s'était acquitté goulûment de sa tâche, la faisant hurler de plaisir. Heureusement, elle était la dernière consultation de la journée.

Puis il avait terminé son examen par un somptueux toucher vaginal, utilisant d'autres instruments que ses doigts pourtant si habiles.

Les larmes aux yeux, Martine me précise :

— Ça reste le plus beau jour de ma vie, docteur.

La suite est classique : l'un et l'autre s'excusant mutuellement, assurant qu'il (qu'elle) avait perdu la tête, hésitant tous deux entre tu et vous, avant de se remettre à l'ouvrage en changeant le scénario.

Puis une véritable addiction s'était établie, à raison d'une, puis de deux, enfin de trois séances hebdomadaires, toujours en fin de consultation des jours ouvrés du bon docteur. Évidemment, il y avait peu de place pour les conversations et ce n'est que le jour où l'épouse légitime du médecin mit les pieds au cabinet en pleine séance d'exploration que Martine, un peu naïve, découvrit que le beau praticien avait une autre vie.

La suite, on la devine, ce fut une dépression. Mais soignée par l'amant, qui au passage expliqua qu'il n'y avait plus rien entre sa femme et lui : atteinte par une ménopause féroce qui lui laissait des migraines impossibles et un vagin désespérément sec, elle s'était lassée de ses besoins sexuels. Sans même un petit câlin pour compenser.

Du coup (si l'on peut dire), il y avait du divorce dans l'air. Et une place à prendre, car côté besoins sexuels, ce n'est pas ce qui manquait et Martine ne le regretterait pas. « Craché, juré, croix de bois, croix de fer, si je mens, je vais en enfer », avait-il dit, oubliant au passage de dire qu'il était profondément athée et que l'enfer, c'est pour ceux qui veulent bien y croire.

Aussi bizarre que cela puisse paraître, quelques mois plus tard le divorce était prononcé et Martine épousée.

S'en est suivi ce que Martine appelle son époque rose. Une époque où Martine planait, sur un nuage et très loin des réalités de la terre.

Mais cela ne pouvait pas durer. Car passer du statut de maîtresse à celui d'épouse légitime a aussi ses inconvénients. Surtout que monsieur, continuant ses consultations dans l'intimité de son cabinet, comme l'impose le code de déontologie, avait comme par hasard une clientèle essentiellement féminine qui s'était naturellement sélectionnée. De vieilles femmes très fragiles, qui le trouvaient tellement gentil et compétent, mais c'est une autre histoire. Et de somptueuses créatures bourrées d'hormones femelles, à la plastique habituellement irréprochable. Qui faisaient la queue au cabinet…

De fait, l'union avait tourné rapidement à l'aigre. Les explications devenues orageuses s'étaient achevées dans la violence.

Ainsi le dossier contient deux certificats médicaux attestant de traces de violences. Dont l'un établi par le charmant médecin-époux lui-même, qui se cite comme l'auteur des violences. Surprenant, non ?

Nous arrivons à la période qui motive la procédure. Ce que j'appelle la période contemporaine.

Martine déprime, quitte le domicile conjugal et entame une procédure de divorce. Mais n'ayant aucun revenu, elle y renonce peu de temps après et décide de reprendre la vie commune. Quitte à avaler quelques médicaments pour supporter la situation.

C'est alors que surviennent les premières crises, que Martine attribue à l'absorption de neuroleptiques à son insu. « Sans doute dans mon café, docteur. J'en prenais beaucoup, surtout le matin, pour me réveiller. »

Ces phases de troubles complexes se succèdent pendant six années, associées à des épisodes dépressifs graves. Martine avale durant cette période de nombreux médicaments. Il y a ceux destinés à soulager ses migraines, un mal qui la poursuit depuis la fin de son adolescence, ceux qui traitent sa dépression, ses angoisses, ses troubles du sommeil.

Fin 2008, Martine décide de porter plainte contre son mari. Elle quitte la région, divorce par avocats interposés, reprend ses études. Elle va bien, elle ne prend plus aucun médicament, sauf en cas de migraine.

Et les crises ont totalement disparu.
— Du jour au lendemain, docteur, c'est bien la preuve, non ?
— Qu'entendez-vous par « du jour au lendemain » ?

— J'exagère un peu. J'ai quitté le domicile de mon ex-mari, j'ai changé de région, et là j'ai trouvé un super médecin généraliste.

Je crains la suite et je ne peux maîtriser un sourire.

— Non, cette fois ce n'est pas ce à quoi vous pensez. Il ne s'est rien passé avec lui, j'ai compris la leçon.

— ...

— Quand je dis super, c'est pour ses traitements. Il a tout supprimé, il m'a fait ramener tous les médicaments de ma boîte à pharmacie à son cabinet. J'en avais un plein sac poubelle. Je piochais un peu au hasard dedans, d'ailleurs. Il a tout gardé et m'a fait une ordonnance de trucs avec des plantes. Il m'a dit que ça marcherait aussi bien mais sans les effets secondaires.

— Et alors ?

— Effectivement je me suis transformée en quelques semaines. Normal, je ne voyais plus mon ex-mari, je me sentais libre et surtout il ne pouvait plus m'empoisonner.

Voilà donc les éléments à ma disposition au moment de rédiger ma discussion et mes conclusions. L'analyse s'avère complexe, mais cet entretien avec Martine m'a donné des renseignements précieux.

Je fais un grand tableau, avec d'un côté les symptômes, de l'autre les médicaments qu'elle prenait. Pour chacun d'eux, je consulte le site équivalent au Vidal, ce gros dictionnaire rouge des médicaments qui renseigne les médecins pour leurs prescriptions. Il en existe d'ailleurs une version light pour les patients.

Sur ce site officiel et régulièrement mis à jour, je recherche pour chaque médicament sa composition, sa classe pharmaceutique, son mode d'action pharmacologique et ses effets secondaires.

Des heures de travail, compte tenu de la multitude des prescriptions et des années de traitement. Au final, la synthèse est claire.

Les symptômes décrits par Martine lors des crises appartiennent tous au « syndrome sérotoninergique ». Un mot compliqué pour parler de ce qui est un véritable « orage cérébral ».

Le syndrome sérotoninergique vient d'un excès de sérotonine, au niveau des neurones du cerveau. La sérotonine, c'est une molécule qui joue un rôle essentiel dans la transmission de l'information entre les neurones. Au point que certains sont accros aux drogues qui modifient son taux dans le cerveau.

Mais le plus souvent ce syndrome a son origine dans des médicaments dont les prescriptions sont mal contrôlées : interactions médicamenteuses, surdosages, en particulier par association de médicaments de même classe thérapeutique. Les neuroleptiques sont les premiers en cause.

Chez Martine, je retrouve des surdosages parce que la patiente a pris deux médicaments de noms différents en même temps alors que le principe actif est le même, comme si elle avait doublé la dose. Mais chaque médecin prescripteur est innocent : elle a consulté les deux à quelques jours d'intervalle, obtenu deux ordonnances de produits quasi similaires puis fait sa salade avec l'ensemble.

Je note également des contre-indications non respectées : certaines associations de médicaments sont dangereuses. Or Martine, associant les molécules selon l'humeur du jour, réalisait de somptueux cocktails explosifs. À se demander comment elle est encore vivante !

Les crises ? De simples interactions et surdosages de médicaments. L'origine des crises ? Martine et ses prises de médicaments anarchiques. Le Lepticur ? Il n'est pas en cause dans l'apparition des crises, il est efficace sur les myoclonies, le terme scientifique pour ces tremblements diffus des muscles des membres.

Je résume dans ma conclusion : multitude des médecins prescripteurs, prescriptions médicales multiples, chevauchement des traitements, non-respect des associations médicamenteuses contre-indiquées, absence totale de transmission des informations entre les médecins prescripteurs.

Martine, dans sa détresse et sa méfiance de son mari-médecin, s'était bien soigneusement assurée qu'aucun de ses multiples médecins généralistes mais aussi psychiatres n'était au courant des prescriptions des autres. Et faisait elle-même sa salade thérapeutique. Une sorte d'automédication à l'aveugle.

Le bon docteur, accro au sexe, n'était pas un empoisonneur. La plainte de Martine a été classée sans suite.

18 Sommités

Les sommités de la faculté de médecine s'intéressent rarement au contenu des frigos de la morgue du CHU. Aussi, lorsque l'une de ces hautes personnalités prend le temps de me téléphoner, à 19 heures, un soir de décembre, alors que jamais jusque-là je n'ai eu droit à la moindre petite attention ni au moindre petit coup de fil, j'en déduis qu'il s'agit d'une affaire d'importance.

— Allo, Sapanet ? Bonsoir, c'est le professeur X.
— Bonsoir, je...
— Vous avez dû recevoir le corps de monsieur Untel.
— Euh...
— C'est très embêtant, cette histoire. Il faut penser à la famille. Vous n'allez pas faire d'autopsie, n'est-ce pas ?
— Eh bien, je ...
— C'est un suicide, c'est évident. Pensez à sa femme et à ses enfants. Cette idée est insupportable. Nous sommes d'ailleurs tout à fait opposés à cette autopsie. Et la famille aussi. En plus, c'est mon voisin et un ami.
— C'est que...
— Vous comprenez, il a été accusé à tort. Je ne peux

pas vous en dire plus, bien sûr. Mais son innocence ne fait aucun doute. C'est d'ailleurs une honte que la justice s'acharne ainsi sur un homme qui a consacré toute sa vie au bien-être de la communauté.
— Eh bien, monsieur ...
— Non, pas d'autopsie. Je compte sur vous, Sapanet.
— L'autopsie aura lieu demain matin.

J'ai tout juste pu placer ma courte phrase.
— Non, vraiment, il n'en est pas question. Pas d'autopsie. Je compte sur vous, Sapanet. C'est de notre intérêt à tous.

Voilà ce qui s'appelle une belle tentative d'interférence dans le processus médico-légal. Il n'est évidemment pas question pour moi de donner suite à cette demande, quand bien même j'en aurais le pouvoir. Ce que l'on doit à la victime, c'est la recherche de la vérité. Ce que j'explique d'un ton poli mais ferme à mon interlocuteur distingué.
— C'est le procureur qui décide. Ce n'est pas moi.
— Mais...
— Le procureur, monsieur. Et il n'y a pas de discussion possible avec moi, monsieur.

Un long silence s'en suit.
— Mais vous pourriez...
— Je suis aux ordres du procureur, monsieur.
— Mais ce n'est pas possible !
— Et si. Et personne ne peut s'y opposer. Je dis bien personne. Monsieur.

J'ai perçu une petite pointe d'ironie dans ma voix. Au bout du fil, le ton a perdu de sa superbe et un zeste de détresse devient perceptible.

— Mais qu'est-ce que je vais dire à son épouse ?

— ...

— Est-ce que je peux au moins vous demander une faveur ? Présenter le corps à la famille, avant votre intervention ?

— Cela ne va pas être possible. Le principe veut qu'avant l'autopsie, la famille, ni personne d'ailleurs, ne voit le corps.

— Sapanet, vous ne pouvez pas faire ça.

— Non seulement je peux, mais en plus, je le dois. Les indices éventuels présents sur le corps doivent être préservés. De toute façon la housse est sous scellé. Il n'est donc pas question de laisser quiconque s'approcher de la dépouille tant que les investigations médico-légales n'ont pas été effectuées. D'autant que dans certains cas, la famille est impliquée dans le décès.

— Comment ça ? Vous n'imaginez quand même pas que ce soit la famille qui l'ait tué ?

— Bien sûr que non, puisque vous me l'affirmez. Mais c'est une question de méthode et de principe. Il n'y a pas d'exception.

— Mais alors, ils ne pourront pas voir le corps ?

— Après l'autopsie, ce sera possible. Je l'autorise toujours, par principe. Mais je ne sais pas si c'est souhaitable. Je ne sais pas s'il est présentable.

— ...

— Si vous le désirez, vous pouvez m'appeler demain, en fin de matinée. Nous en discuterons.

— Bien, bien. Merci. Merci, Sapanet. À demain.

J'en suis encore à me demander qui est ce défunt pour motiver une telle démarche que le téléphone sonne de nouveau. Cette fois, c'est l'un des principaux responsables du CHU qui est au bout du fil pour me tenir le même discours. Voilà qui commence sérieusement à m'agacer. Du coup, ma réponse se fait beaucoup plus sèche.

— Écoutez, je suis seul responsable des corps qui me sont confiés par les autorités judiciaires et je n'ai de compte à rendre qu'à la justice. De toute façon c'est le procureur qui décide. Il est donc totalement inutile de multiplier ces interventions intempestives.

Le lendemain matin, les enquêteurs de la gendarmerie venus assister à l'autopsie me donnent le fin mot de cette histoire. Le défunt, président d'un syndicat intercommunal, était impliqué dans des détournements de fonds. Convoqué par le juge d'instruction en charge du dossier, l'homme a disparu la veille de sa comparution. Quelques jours plus tard, des chasseurs ont signalé la présence d'une Mercedes classe S dans un chemin de terre, avec à l'intérieur un cadavre.

L'hypothèse du suicide est fortement privilégiée par les gendarmes. Mais compte tenu du contexte, le juge a ordonné l'autopsie. D'autant qu'il y a un petit problème, comme me l'explique le directeur d'enquête.

— Le véhicule était fermé de l'intérieur. Le corps était assis à l'avant, sur le siège passager, le dossier relevé au maximum, un fusil de chasse calé entre les jambes, canon vers le haut. Il s'agit bien de sa voiture. On est bien sur une hypothèse de suicide. En revanche, pour l'identification, on a un problème.

— Comment ça ?

— Heu, c'est assez difficile à décrire, docteur.

La réponse se trouve dans la housse posée sur le chariot. Une fois le scellé brisé, je fais glisser le zip. Ça va, j'ai compris. À l'intérieur, un corps vêtu avec une grande élégance : costume sur mesure, chemise de soie et chaussures de marque. Mais au-dessus du nœud de cravate, par ailleurs d'une très belle facture, plus rien. Du col de chemise émergent le larynx et la dernière vertèbre cervicale. La boîte crânienne est comme une grande tulipe aux pétales rouges trop ouverte, une sorte de crêpe sanguinolente étalée sur cinquante centimètres de diamètre. Du cerveau, aucune trace. La tulipe n'est rattachée au cou que par un vaste lambeau de chairs et de cuir chevelu. Je prends les deux extrémités de la galette et les rapproche l'une de l'autre, reformant ainsi l'arrière du crâne. Mais où donc est passé le reste ? Le visage, ce qui fait l'identité ? Devinant mon interrogation, l'un des gendarmes prévient.

— Heu, docteur, vous devriez regarder dans le sac en plastique. On vous a ramassé ce que l'on a trouvé dans la voiture.

Je vide le contenu de la pochette sur la planche à dissection pour inventaire : une demi-lèvre supérieure droite avec le demi-nez correspondant, une demi-lèvre supérieure gauche elle aussi accompagnée d'un demi-nez, la lèvre inférieure entière, de petits fragments d'os.

Je m'étonne.

— Il manque encore des choses.

— Ce n'est pas fini, docteur, précise mon gendarme, il y a un autre petit sac, là, derrière.

Effectivement. J'ouvre. Un œil. Tout seul. Sans rien d'autre. Un globe, en fait.

— Vous l'avez trouvé où ?

— Sur la plage arrière.

Sous ces quatre mots, prononcés d'une voix qui s'éteint, je devine le souvenir encore douloureux de cette levée de corps. Bien qu'endurcis par des années d'expérience, certains militaires ont eu du mal à conserver le contenu de leur estomac.

— Il y en avait partout, docteur. Tout l'habitacle était tapissé de sang et de cervelle. En toutes petites particules. Sur les vitres, les sièges. Le toit, en particulier. On y a même trouvé une couronne incrustée dans le revêtement.

— Oui, c'est l'effet des gaz de combustion. Le canon était au contact de la peau, coincé sous le menton par l'avancée du siège et sa bascule en avant. Au moment du tir, les gaz se sont totalement dispersés dans la tête qui a explosé, ils n'ont pas pu s'échapper. Ce ne sont pas les plombs qui ont fait ces dégâts.

— Docteur, cette dispersion, c'est d'ailleurs un argument pour le suicide. S'il y avait eu une autre personne dans l'habitacle, elle aurait fait obstacle au moins partiel à la dispersion des particules et une partie de l'habitacle aurait été épargnée. Or il n'y a que l'assise et le dossier du siège passager qui n'ont pas de traces.

Un long silence s'installe, chacun imaginant la scène. Le gendarme termine :

— Et quand j'ai ouvert le fusil pour extraire la cartouche percutée, un énorme caillot de sang en est sorti en faisant un bruit de succion et s'est écrasé sur mes chaussures. Dégueulasse. En plus, le soir, ma femme m'avait préparé du boudin. Je n'ai rien pu manger.

Manifestement cela l'a marqué. Dur métier.

Pour ce qui est de l'identification, le dossier dentaire est à oublier, faute de pouvoir le comparer à autre chose qu'à la bouillie dentaire répandue dans l'habitacle du véhicule. Il y a bien la fameuse couronne, mais une seule dent, c'est rarement contributif. Je me lance donc dans la seule comparaison possible dans l'immédiat : celle de mes restes avec les photos d'identité.

Je refais rapidement le nez et la lèvre supérieure par quelques sutures chirurgicales. Je retrouve quelques instants le plaisir de mon expérience de chirurgien maxillo-facial, lorsque je passais des nuits aux urgences à refaire des visages éclatés, par des pare-brise, des tableaux de bord ou des coups de fusil. La différence principale était qu'il s'agissait de sauver un visage, parfois une vie.

La bouche récupère sa forme, tout comme le nez. Mais le résultat est franchement incongru car autour, il n'y a plus rien. Pour autant, c'est suffisant pour une première comparaison. Ce nez au bout rond, plutôt massif, aux larges narines, ces lèvres épaisses, ce sont bien les mêmes que sur les photos. La couleur de l'œil correspond aux descriptions de ses proches. En fait, la certitude scientifique arrive en fin d'autopsie, des empreintes digitales qui avaient été enregistrées lors de la garde à vue, lors de l'enquête de flagrance.

Rien ne vient contredire l'hypothèse du suicide. Affaire classée.

En fin de matinée, cela ne loupe pas. Mon interlocuteur de la veille me rappelle. Beaucoup moins autoritaire.
Sans rien lui dire de l'affaire, je me contente en quelques mots de l'essentiel : « La tête explosée, vous

m'avez bien compris, pas éclatée ni écrasée, explosée. À mon avis, il vaut mieux éviter ça à la famille. Vous pouvez comprendre cela, vous qui êtes médecin... »

19 Doigt tueur

Dans nombre de mythologies, les âmes des morts entament leur voyage vers l'au-delà dans des barques. Les défunts égyptiens du temps des Pharaons devaient voguer vers le soleil, les disparus de la Grèce antique embarquaient pour traverser le Styx, fleuve des Enfers. Si ces croyances ont aujourd'hui disparu, la pratique de la navigation posthume est toujours d'actualité, bien que totalement méconnue. J'en ai la preuve sous les yeux, en cette fin d'hiver gris et pluvieux. Dans le caveau que viennent d'ouvrir les employés des pompes funèbres, quatre ou cinq cercueils se bousculent dans une régate immobile, flottants sur plus d'un mètre d'eau.

Pour le dernier occupant des lieux, le séjour nautique est suspendu, le temps d'une journée. Un juge du tribunal d'instance a en effet autorisé l'exhumation du corps aux fins d'expertise médico-légale. D'où ma présence en ces lieux.

C'est la première fois que je vais devoir travailler sur un corps exhumé. J'ai tenu à assister aux opérations, même si je ne suis là qu'en curieux. Car on ne m'en demandait pas tant. Ce qui n'est pas le cas de monsieur le maire, contraint par les textes de vérifier, en sa qualité d'officier de police judiciaire, que l'on s'empare du bon défunt.

Il ne faut que quelques instants aux spécialistes de l'entreprise funéraire pour repérer le cercueil qui nous intéresse au milieu de la flottille. Il est le seul à avoir conservé un petit air neuf, du moins sur sa partie émergée et visible. Tous les autres sont salement patinés par les ans et par leurs nombreux séjours aquatiques. À la mauvaise saison, les pluies font monter le niveau de l'eau qui envahit les sépultures et soulève leurs occupants comme de vulgaires bouchons. L'été revenu, le flot s'assèche, déposant les cercueils au sol jusqu'à la prochaine fois.

Bon nombre de vieux cimetières sont soumis à ce régime de montée des eaux, du fait de leurs implantations sans précaution. Le seul critère de choix pour enterrer les morts était en effet la proximité de l'église. Aujourd'hui, la réglementation exige pour toute implantation ou agrandissement, une étude hydrogéologique démontrant que le cimetière « ne portera pas atteinte à la qualité des eaux des habitants et ne sera pas menacé par une éventuelle remontée des eaux dans le sol ». Preuve qu'en toutes choses, le progrès a du bon, les morts modernes gardent les os secs. Sauf lorsqu'ils se retrouvent dans des caveaux anciens.

Le repêchage de la boîte en chêne clair effectué, les préposés aux pompes funèbres la placent dans une grande caisse et la chargent dans leur fourgon. Le caveau est refermé provisoirement, pour éviter la chute accidentelle d'un vivant, puis nous prenons la direction de l'institut médico-légal. Pas question de traîner en route. Le défunt n'a qu'une permission de sortie pour la journée, le temps de procéder à son autopsie. Il doit être de retour avant la nuit.

L'affaire commence un matin, six mois plus tôt, lorsque le monsieur, manutentionnaire expérimenté, se fait écraser le bout de l'index droit sous un chargement particulièrement lourd. La dernière phalange est littéralement réduite en bouillie. La victime hurlant de douleur est aussitôt conduite à l'infirmerie par ses collègues, en attendant l'arrivée des pompiers pour un transfert à l'hôpital.
Le temps de lui poser un petit pansement, l'homme commence à se sentir mal. Il demande à s'allonger, son teint pâlit. Quelques instants plus tard, il perd connaissance.
Le Samu, alerté, envoie sur place une équipe de réanimation qui met en œuvre toutes les techniques disponibles, intubation, massage cardiaque, défibrillation. Le tout avec moult enregistrements électrocardiographiques. Après une heure d'efforts et plusieurs arrêts cardiaques, le dernier s'avère irrécupérable. Le médecin regarde sa montre et annonce l'heure du décès. C'est terminé.

La famille effondrée se consacre à son deuil et aux obsèques. Puis, parce que la vie continue, s'attelle aux formalités. Car si la disparition de l'époux et du père est une tragédie sur le plan affectif, c'est également une catastrophe sur le plan financier, privant la famille de sa seule source de revenus. La veuve demande donc à la caisse primaire de Sécurité sociale le versement de la rente d'accident du travail prévue par les textes. Car pour elle, son mari, un homme de 35 ans, en bonne santé et père de ses trois enfants, a succombé des suites d'un accident du travail. Refus de la caisse primaire pour qui le décès est sans rapport avec l'activité professionnelle et ne donne droit à aucune indemnité. Dépôt d'un recours, décision du juge d'instance et voilà la victime tirée de son dernier sommeil pour les besoins de l'autopsie. Le magistrat doit trancher. Moi aussi.

Quand je dis trancher, cela commence mal : l'ouverture du cercueil pose un petit problème. Les cadavres étant rarement assemblés à l'aide de vis à bois, je ne possède pas, dans ma panoplie pourtant fort complète, le tournevis nécessaire. Il nous faut faire appel... au menuisier de l'hôpital pour ce service après-vente d'un genre particulier. L'homme de l'art et du copeau s'acquitte fort bien de sa tâche, malgré les odeurs qui suintent de la boîte et qui lui déplaisent profondément. En bon professionnel, il ne peut d'ailleurs s'empêcher de souligner la belle facture de l'objet : chêne premier choix, poignées ouvragées, vis dotées de cabochons en cuivre. Le tout semble en bon état, malgré six mois sous terre et sur l'eau. On a beau dire, « le prix s'oublie, la qualité reste » dixit Pascal, garde du corps des Volfoni, dans *Les Tontons flingueurs*.

Le couvercle est à peine entrebâillé qu'une grosse mouche bleue s'en échappe en bourdonnant. Par où est-elle entrée ? Mystère. L'ouverture complète livre le spectacle d'un homme fort bien conservé, la tête posée sur un coussinet de satin qui fut blanc, comme le reste du capitonnage. Les parties hautes ont gardé leur blancheur. Le reste a pris une vilaine teinte sombre, mélange des jus de putréfaction et des eaux dans lesquels il a baigné. Ses mains croisées sur le ventre tiennent un chapelet. Je note que l'index droit est enveloppé d'un bien inutile pansement. Il est en tenue de cérémonie – son costume de mariage – et son visage affiche un air apaisé en même temps qu'une barbe fournie.

Quelques objets ont été déposés à ses côtés : trois roses fanées, des petits mots portant des écritures enfantines et adressés à « Mon papa », un petit doudou. Ils sont soigneusement mis de côté et seront remis en place après nos opérations. Mais ces témoignages émouvants brassent beaucoup d'émotion dans cette salle d'ordinaire réservée à la seule technique anatomique. Je conseille d'ailleurs toujours à mes jeunes collègues de laisser à la porte leurs émotions et sentiments personnels afin de ne pas se laisser déborder par l'affect, au risque de perdre la distance nécessaire à une observation objective. Cette fois, c'est raté.

Nous n'en devons pas moins poursuivre sans tarder si nous voulons que le mort regagne ses pénates avant la nuit. Une fois installé sur la table, nous passons au déshabillage. Pas question de couper les vêtements à grands coups de ciseau, comme je le fais habituellement. Il nous faut défaire un par un les boutons de la redingote, du petit gilet et de la chemise. Avec les deux paires de gants de protection que nous portons pour nous protéger, c'est aussi facile que d'écosser des petits pois avec des gants de boxe. Après bien des efforts, c'est chose faite. Chaussures, chaussettes, pantalon et caleçon suivent. Le tout est placé dans un sac et évacué rapidement vers la chambre froide, avec le cercueil, afin d'alléger un peu les effluves nauséabondes.

Le corps est enfin accessible à nos analyses. Première observation, il est en parfait état de conservation. Certes, il sent très mauvais, mais il a un bel aspect.

Les seules marques notables sont celles des soins de thanatopraxie, pratiqués sur le défunt pour assurer sa conservation. Une incision recousue à la base du cou, par laquelle le corps a d'abord été vidé de son sang avant de recevoir une injection de formol additionné d'un colorant rose, afin de redonner « bonne mine » au mort. Certes cela ne fait pas redémarrer la machine, mais ça fait du bien à la famille. Un opercule blanc fixé à son nombril rebouche le trou laissé par la canule destinée à aspirer tous les liquides organiques puis à injecter le formol.

Petite curiosité, le mort a encore sur sa poitrine les électrodes d'électrocardiogramme posées par le Samu.

L'autopsie commence classiquement par une grande incision, aujourd'hui du menton jusqu'au pubis. Pourquoi ? Pour changer. Toujours du pubis au menton, aujourd'hui, je me lasse.

Je découvre ainsi des organes presque intacts, parfaitement en place, malgré le temps passé depuis le décès. Les soins funéraires ont été d'une grande qualité. Petite contrepartie du travail des conservateurs, la présence de dizaines de trous dans les organes, traces laissées par la canule d'injection du formol. Conformément à la législation, les thanatopracteurs ont d'ailleurs déposé dans le cercueil une petite fiole contenant un échantillon du produit utilisé. À titre de témoin. Précaution utile lorsqu'il faut rechercher ensuite les traces d'un éventuel empoisonnement. Les seules zones putréfiées sont celles qui n'ont pas été atteintes par le traitement, comme la peau ou certaines zones périphériques des organes.

L'examen de la cavité abdominale ne révèle rien de particulier. Je procède toutefois à des prélèvements sur chaque organe, au cas où des études anatomopathologiques ou toxicologiques seraient nécessaires, même si je n'y crois guère. Je passe ensuite au thorax, dans lequel les poumons sont encore en place avec leur volume d'origine, grâce au formol. Leur dissection est normale.

Il me reste à m'intéresser au cœur du sujet. Je m'y plonge. Après avoir sectionné l'aorte, l'artère pulmonaire et les veines pulmonaires, j'extrais le muscle cardiaque qui est nettoyé et pesé. Là encore, pas d'anomalie. Un cœur un peu trop volumineux, trop lourd, peut traduire la présence d'une cardiomyopathie. Ce n'est pas le cas. J'examine ensuite les coronaires, une par une. La bonne technique consiste à sectionner l'artère perpendiculairement à son grand axe, de sa naissance sur l'aorte à ses plus fines divisions, de centimètre en centimètre, voire par demi-centimètre. À peine ai-je commencé que je découvre un caillot parfaitement conservé par le formol, qui obstrue une des principales artères coronaires, tout près de sa naissance. Un caillot isolé, sans aucune autre atteinte, sans ces lésions d'athérosclérose qui rétrécissent souvent le diamètre de la lumière de l'artère. Une thrombose sur artère saine, c'est une affection rare. Mon diagnostic est fait. Je procède au prélèvement de la partie de l'artère obstruée, avec son caillot, et conserve également quelques coupes étagées du cœur. Histoire de prouver le retentissement de l'obturation coronaire sur le muscle cardiaque.

Par acquit de conscience, je procède à l'ouverture de la boîte crânienne. Le cerveau est parfaitement conservé et sans aucune anomalie. Le larynx et la trachée sont intacts. Je n'oublie évidemment pas de me pencher sur l'index droit et sa phalange écrasée. Il n'en reste plus qu'une sorte de plaquette de deux à trois millimètres d'épaisseur. J'imagine aisément la violence du choc et l'intensité de la douleur.

Reste à expliquer l'ensemble dans un rapport bien argumenté. Je vais devoir parcourir la littérature médicale à la recherche de ces « syndromes hyperalgiques », ces douleurs intenses qui déclenchent une cascade d'évènements métaboliques jusqu'à provoquer la mort brutale. Cela a déjà été décrit, avec plusieurs mécanismes possibles, où les hormones de stress jouent un rôle essentiel.

Mort d'un écrasement de l'index.

Il ne reste plus qu'à refermer le corps, le nettoyer et le rhabiller, ce qui nécessite de gros efforts de la part de mes assistants. Le défunt est ensuite replacé soigneusement dans son cercueil, accompagné de tous ses souvenirs, le couvercle revissé par le menuisier et le tout remis aux employés des pompes funèbres. Une heure plus tard, alors qu'il fait encore jour, la lourde dalle du caveau familial se referme sur ses occupants au grand complet. Rendu aux affres du temps qui passe, le corps du regretté papa va poursuivre sa très lente dégradation, le dos baignant dans l'eau glacée chaque hiver. Certes, le traitement formolé va retarder la déchéance. Mais il finira par céder du terrain. Cela a déjà commencé. La peau du dos et des pieds était si putréfiée qu'elle n'a pas résisté au déshabillage. Quelques petites parcelles de foie, de rein ou d'estomac ont disparu.

Sans les soins funéraires, cela aurait été pire. En quelques mois, il ne reste plus dans le cercueil qu'un corps délabré et pourri, un visage dissous par le temps ouvrant deux grandes orbites vides dans l'obscurité éternelle de la tombe.

Depuis l'exhumation de ce pauvre travailleur, j'ai procédé à bien d'autres ouvertures de cercueil. Je sais désormais ce qui se passe dans ces boîtes placées et parfois oubliées sous la terre. Et je n'ai pas envie de finir ainsi. C'est décidé. Je me ferai incinérer. Au moins, j'aurai chaud une dernière fois.

20 Compression

Sans le chasseur de champignons, la rubrique criminelle serait nettement moins garnie. On ne compte plus le nombre de cadavres exhumés des sous-bois par ce fouineur obsessionnel de l'humus. Plus efficace que le promeneur du dimanche, le cueilleur s'aventure loin des sentiers balisés, à la recherche du coin encore vierge et inconnu de la concurrence. Le genre d'endroit prisé également par tous ceux qui souhaitent se débarrasser sans formalités d'un encombrant défunt.

C'est à l'un de ces mycophages obstinés que je dois mon déplacement sur ma terre natale, la région de Thouars, dans les Deux-Sèvres. J'y retourne rarement, aller à Thouars étant par trop incertain. Mais lorsque le devoir m'appelle, je ne me dérobe pas. Ce jour-là, je retrouve les gendarmes pour une reconstitution criminelle dans une rue que je connais bien, la petite côte de Crevant. Les meilleurs amis de mes parents y résident depuis toujours et j'y ai passé bien des journées de mon enfance.

L'affaire avait débuté quelques semaines plus tôt, à une trentaine de kilomètres de là, en bordure d'un bois, près d'une maison en ruine. Un chercheur de champignons, profitant du temps chaud et humide de la fin septembre, furetait dans le coin lorsqu'il aperçut, émergeant d'un tas de paille, le haut d'un corps humain. L'objet du délit était d'ailleurs fort mal dissimulé aux regards. Seul le bas du corps était enfoui sous un tas de planches pourries et de branchages.

Les gendarmes, alertés, avaient constaté que la victime avait les mains attachées en avant, un pull entortillé faisant office de lien. Ces premières constatations faites, ils m'avaient expédié leur client, dont la mort était éminemment suspecte.

Ce fut l'une de ces autopsies dont on sait, avant même d'ouvrir la housse, qu'elle sera olfactivement difficile pour l'ensemble des participants. Pour faire face à la puanteur, chacun a son truc. Un peu de baume du tigre ou de pommade Vicks sous les narines, quelques gouttes de menthol sur une compresse, la respiration par la bouche, le cigare au bec, encore que cette dernière méthode soit de plus en plus décriée. Mais il faut se résoudre à admettre qu'aucun stratagème n'est véritablement efficace. On n'échappe pas à la pestilence.

Déjà avertie par les premiers indices odorants s'échappant de la housse, pourtant réputée étanche, mon équipe réunie dans la salle d'autopsie a rapidement confirmation des réjouissances à venir. Les radiographies du corps, réalisées dans la nuit, sont affichées sur le négatoscope. On y distingue parfaitement la présence des gaz de putréfaction qui ont envahi la dépouille.

Zip. J'ouvre la housse, libérant comme prévu une violente bouffée putride. Une fois le corps transféré sur la table commence une course contre la montre. Il s'agit de ramasser le plus possible d'asticots avant qu'ils ne se réveillent. Le passage par le frigo de la morgue les a momentanément anesthésiés. Mais cela ne va pas durer et dès qu'ils vont se réchauffer, ça va grouiller dans tous les coins. D'autant que les bestioles ont horreur de la lumière. Elles vont donc chercher à fuir, à la recherche de l'ombre. Et moi, je n'aime pas quand ça part dans tous les sens.

Alors je m'active, aidé en cela par mon interne. Le plus délicat est sans doute de vider les deux cavités oculaires à la petite cuillère. Elles sont pleines à ras bord de larves blanches. Les bestioles sont méticuleusement mises de côté, dans des bocaux. Car elles sont un précieux recours. Le toxicologue y retrouvera toutes les drogues ingérées par le défunt. L'entomologiste en déduira la date approximative de la mort, les espèces parasites du cadavre se succédant toujours dans un ordre chronologique précis. Pour l'agent d'amphithéâtre, préposé aux soins funéraires, c'est un excellent appât pour la pêche. Bref, tout le monde y trouve son compte.

Le curetage est terminé. Je peux passer au déshabillage de mon client. Les mains sont libérées du pull qui les enserre. Bizarre, d'ailleurs, ce pull avec la chaleur qu'il fait. Le T-shirt ne présente aucune trace de projectile ou d'arme blanche. Au-dessous, le thorax noir de putréfaction contraste incroyablement avec le bassin et les membres inférieurs, en parfait état de conservation. Noir en haut, blanc en bas, un vrai demi-deuil. Cette situation correspond à des conditions de protection très différentes des deux parties du corps. La partie inférieure, soigneusement enfouie, a été protégée de la chaleur et de l'humidité. La partie supérieure, exposée à la météo locale, s'est rapidement décomposée. Du coup, impossible pour moi de donner une date de la mort : le haut plaide pour six à dix jours, le bas pour deux jours, peut-être trois. Si on ne peut plus se fier à ses cadavres ! Il faudra recourir à l'entomologie qui devra identifier l'espèce du nécrophage.

Sur les cuisses de la victime, je note des plaques parcheminées, ces larges zones de peau déshydratée qui peuvent témoigner de pressions importantes au moment du décès. Deux autres traces visibles en surface sur chacune des deux cuisses traduisent la présence de deux hématomes. Le bassin me donne l'impression d'une fracture au niveau du pubis. Retour à la radiographie : effectivement, la fracture est bien là. Et elle n'est pas la seule. Le thorax présente également de multiples fractures de côtes très particulières. Elles évoquent un phénomène de compression de la cage thoracique dans plusieurs directions, comme si elle avait été roulée sous quelque chose. Alors que j'évoque à voix haute cette hypothèse, l'un des gendarmes présents réagit derrière son masque.

— Il ne serait pas passé sous une voiture, par hasard, docteur ?

Le reste de l'autopsie apporte peu d'information. Les organes du thorax sont totalement pourris, réduits à l'état de masses gluantes, noires et nauséabondes. Au contraire, du côté de l'abdomen, sous le diaphragme, tout est en place et bien conservé, je ne trouve pas de trace de traumatisme.

À l'issue de mon examen, je donne quelques orientations aux enquêteurs. C'est qu'à ce stade de l'enquête, il n'existe aucun élément d'identification. La victime est un homme jeune, d'après sa dentition, âgé de 25 à 35 ans, mort sans doute depuis moins de dix jours. J'ajoute qu'effectivement, il y a une forte probabilité que le défunt se soit fait rouler dessus.

Sur la base de ces éléments, les gendarmes se mettent en quête d'une disparition récente dans les environs de Thouars. Bienheureuse collaboration entre services, ils apprennent rapidement, par le commissariat de la ville, qu'un citoyen thouarsais âgé de 35 ans manque à l'appel. Son employeur, sans nouvelles de lui après trois jours d'absence, a appelé la maman. Laquelle, après de vaines tentatives de joindre le fiston, a prévenu la police.

Dès lors, tout s'accélère. Munis de cette identité, les gendarmes s'intéressent à l'entourage proche de la victime et interrogent sa compagne. Ils dressent peu à peu le portrait d'un couple à la vie mouvementée, faite de disputes, de ruptures et de retrouvailles. Motif de ces querelles, les infidélités répétées du garçon. Il lui arrivait de quitter le nid douillet pour vagabonder comme un chat parfois plusieurs semaines d'affilée. Voilà pourquoi, explique la demoiselle, elle ne s'est pas inquiétée de la disparition.

Les gendarmes, dans leur enquête d'environnement, s'en vont tirer les sonnettes du voisinage. À cette occasion, ils recueillent un témoignage pour le moins troublant. Quelqu'un qui raconte que le dimanche correspondant plus ou moins à la date de la disparition, la compagne de la victime a passé une grande partie de la journée à nettoyer sa voiture. La carrosserie, avec un seau et une éponge, en insistant bien sur les jantes et le pare-chocs. Et sous la caisse du véhicule. Mais aussi l'intérieur, à grands coups d'aspirateur. Un zèle autonettoyant jamais vu et qui a manifestement marqué le témoin. Questionnée à ce sujet, la demoiselle est assez peu convaincante. Elle a lavé la voiture « parce qu'elle était sale ». Le bon sens, en quelque sorte. Pourtant, les enquêteurs doutent. Le véhicule est saisi pour les besoins de l'enquête. Bonne pioche : le « Bluestar® », un réactif spécial qui détecte les traces de sang même après leur lavage, fait rapidement parler le dessous de la caisse, maculé d'hémoglobine. Le coffre présente aussi des traces de sang lessivé. En y regardant de plus près, les experts récoltent quelques cheveux coincés sous un longeron. La dame placée en garde à vue explique d'abord avoir percuté un chevreuil. Une fable à laquelle ne croient ni les gendarmes, ni le juge d'instruction, qui l'envoie rapidement en détention provisoire. Lors de l'un des interrogatoires dans le bureau du juge, elle finit par avouer avoir roulé sur son compagnon. « Mais c'était un accident, je le jure. »

Elle raconte. Elle descendait la petite côte de Crevant au volant de sa voiture lorsque le garçon a surgi brutalement devant elle. Elle s'est arrêtée. Elle est sortie. Ils se sont disputés. Lui voulait revenir à la maison, après sa dernière escapade. Une de plus, une de trop. Elle ne voulait pas en entendre parler. Alors elle s'est remise au volant, pour repartir. Mais lui est resté devant le véhicule, pour l'empêcher d'avancer. Il était presque couché sur le capot, criant « je ne veux pas, je ne veux pas ».

— Et alors, que s'est-il passé ? demande le juge.

— Je ne sais pas, monsieur le juge. J'ai voulu faire marche arrière, mais mon pied a dérapé, et je suis partie en marche avant.

La petite côte de Crevant porte désormais bien son nom. Celles et ceux qui autrefois descendaient du plateau pour aller chercher de l'eau ou laver le linge à la rivière devaient ensuite la remonter. Et ils arrivaient en haut totalement épuisés, tant la pente est raide. Dans de telles conditions, tout véhicule à peine libéré de ses freins est immédiatement entraîné vers le bas.

— Et après, questionne le juge ?

— J'ai paniqué. J'ai bien senti que je passais sur lui, mais je n'ai pas réussi à stopper la voiture. Lorsque je me suis arrêtée, plus bas, j'étais sûr qu'il était mort. Alors je l'ai mis dans le coffre et je suis allée dans un coin isolé, que je connaissais. On y était allé ensemble pour se faire des câlins. Je lui ai fait comme une tombe, je lui ai attaché les mains parce qu'elles ne voulaient pas tenir en place et je l'ai enterré. Mais je le jure, c'était un accident.

Le magistrat a le choix de l'incrimination. Homicide volontaire, coups et blessures volontaires ayant entraîné la mort sans intention de la donner, blessures involontaires s'il admet l'hypothèse de l'accident, mais aussi non-assistance à personne en danger dans tous les cas si la victime n'est pas décédée sur le coup. Habituellement, le juge qualifie au plus haut degré : ici, c'est homicide volontaire. Mais les faits ne sont pas clairs. Pour faire le tri, il ordonne une reconstitution criminelle sur les lieux du drame.

Voilà comment, grâce à la découverte d'un chasseur de champignons, je suis de retour sur les lieux de mon enfance.

La voiture a été repositionnée à l'endroit désigné par la demoiselle, qui rejoue la scène. La dispute, la fausse manœuvre, le corps qui disparaît sous les roues. D'abord, il tombe. Puis il se fait happer sous la voiture. Une roue lui passe sur le bassin et le haut des cuisses, occasionnant la fracture. Puis, parce qu'il est plus épais que l'espace disponible entre la route et le bas de caisse, le corps est roulé sous le véhicule. Dans ce mouvement, le thorax passe entre caisse et sol, dans un espace inextensible. Or la distance n'est pas compatible avec son plus grand diamètre, celui qui va des côtes droites aux côtes gauches. Les côtes, fortement comprimées, se brisent alors en de multiples endroits.

Cette version est compatible avec les constatations médico-légales. Toutes ces lésions, que ce soit au niveau du bassin ou de la cage thoracique, sont graves, mais il est fort probable qu'une intervention rapide des secours aurait permis de sauver le malheureux.

J'explique tout cela au magistrat, puis nous passons à la phase suivante. La manipulation du corps. Car le juge est persuadé que la petite dame, avec ses 45 kilos toute habillée, a nécessairement eu recours à une aide extérieure pour charger et décharger la dépouille de son copain, un gaillard de près de 90 kilos sur la balance.

À la demande du magistrat, les gendarmes ont amené leur mannequin vedette. Une sorte d'épouvantail qui en aurait eu marre de la vie en plein champ, et qui aurait choisi de finir sa carrière dans l'administration. Bonne intuition de la part du bonhomme de paille, qui profite désormais des 35 heures et d'une remise chauffée, à la brigade, entre deux sorties pour les grandes occasions. Celle-ci en fait partie. Habillé et lesté de façon à correspondre au mieux à la victime, le faux mort est déposé sur la chaussée. D'un geste, le juge le désigne à la prévenue. « À vous, madame. »

En deux temps et trois mouvements, l'affaire est pliée sous les yeux des participants médusés. Le mannequin se retrouve dans le coffre. La dame se retourne. « Je vous l'ai dit, je n'ai jamais eu de complice, c'était seulement un accident. » Elle ne cesse d'ailleurs de répéter qu'elle regrette ce qui s'est passé. Un peu plus tard, en pleine campagne, elle fait preuve de la même dextérité pour déposer son cadavre. Elle a dit vrai, au moins pour cette partie de son histoire que nous pouvons vérifier. Un bon point pour elle, mais elle est loin du tableau d'honneur. C'est plutôt le tableau d'horreur quand on sait qu'elle pouvait sauver sa victime.

L'affaire rondement menée s'achève en fin d'après-midi. Le juge retient la thèse accidentelle et la non-assistance à personne en danger. Jugée en correctionnelle, ayant échappé de peu aux assises, elle est condamnée à trois ans de prison dont deux avec sursis.

21 Roland l'oxygène

Mon mort a des gaz. Il en est même plein, d'après les radios que j'ai sous les yeux. Les veines du membre supérieur gauche, les grosses veines du thorax, les artères du cou et les artères cérébrales ne contiennent plus une goutte de sang. Le gaz s'est également infiltré sous la peau du cou et du thorax, provoquant un emphysème généralisé. La cause du décès est donc bien identifiée. Reste à savoir quel est ce gaz et comment il a pu être introduit dans le corps de ce pauvre garçon, alors qu'il était hospitalisé dans le service des urgences du CHU de Poitiers.

C'est l'un des médecins urgentistes qui a alerté les services du procureur de la République. Après avoir vainement tenté de ranimer son patient, le praticien a diagnostiqué la présence de cet emphysème sous-cutané massif et suspecté le résultat d'une intervention extérieure. Comment pouvait-il en être autrement, vu que le malade était solidement attaché aux barreaux de son lit ?

Roland, interné en psychiatrie, avait été transféré quelques jours plus tôt aux urgences en raison d'une forte fièvre et d'une toux refusant de céder aux traitements habituels. Il avait été aussitôt placé sous perfusion d'antibiotiques et sous masque à oxygène, avant d'être dirigé vers un autre service hospitalier. Sauf que tous les services étaient pleins à craquer. En plus, un psychotique en plein délire, cela ne soulève pas l'enthousiasme. Il n'était pas possible de l'envoyer en psychiatrie, car le problème le plus urgent était bien pulmonaire, infectieux de surcroît. Personne n'avait voulu de ce malade un peu particulier. Du coup, Roland était resté aux urgences. Dans ce qu'on appelle les « lits-portes », une sorte de zone de transition en attendant une place dans un service.

Les premières 24 heures avaient été pénibles, entre les difficultés respiratoires et les crises délirantes. À plusieurs reprises, Roland avait arraché son masque à oxygène et sa perfusion, contraignant les infirmiers à un moyen radical : lui maintenir solidement les poignets de chaque côté du lit. La solution s'était révélée efficace, mais sans effet sur les cris et hurlements. Pas de chance pour son voisin de chambre, un bon vieux clodo qui avait réussi à se faire hospitaliser, histoire de passer quelques jours au chaud.

Depuis l'arrivée de Roland, sa sinécure avait tourné au cauchemar. Pas moyen de pioncer tranquille. N'empêche que c'est quand même lui qui avait donné l'alerte, un peu avant 8 heures du matin.

— Roland va pas bien, venez vite ! Roland va pas bien !

L'aide-soignant avait posé sa tasse de café pour se rendre, sans enthousiasme excessif, au chevet de l'agité. C'est vrai que Roland n'allait pas bien du tout. Il était même totalement inconscient. Retour de l'aide-soignant jusqu'au premier téléphone, mobilisation de toute l'équipe, arrivée du chariot de réanimation, intubation, ventilation, massage cardiaque : rien à faire, le décès était prononcé à 8h30.

Toutefois, l'attention de l'un des réanimateurs avait été attirée par une sensation particulière. Sous un toucher un peu appuyé, la peau du patient déclenchait une « crépitation neigeuse » caractéristique, avec ce bruit et cette sensation de la neige qui se tasse sous les pas. Après une palpation attentive, le médecin confirmait la présence d'un emphysème sous-cutané « en pèlerine », au niveau du cou et de la partie supérieure du thorax.
Toute l'équipe s'était longuement interrogée sur l'origine de cette complication soudaine. Il arrive parfois, lors d'une intubation en catastrophe, que la sonde provoque une petite perforation de la trachée avec passage d'une partie de l'oxygène de ventilation dans l'organisme. Mais d'une part la quantité de gaz qui file dans les tissus reste faible, sans commune mesure avec ce malheureux Roland, d'autre part l'intubation s'était passée normalement. Et l'infirmier qui avait posé les électrodes de l'électrocardiogramme, dans les tous premiers moments de la réanimation, était formel. Il avait ressenti cette crépitation, preuve que le gaz était déjà présent sous la peau du patient à l'arrivée des réanimateurs. Bizarre.

Après une heure de réflexion, quelques regards lourds de soupçons s'étaient posés sur le voisin de chambre. Et si une main criminelle était intervenue, poussant de l'air dans la tubulure de la perfusion ? Ou pourquoi pas une bouche, soufflant vigoureusement dans le petit tuyau ?

Voilà la question à laquelle je dois répondre lorsque je me dirige vers la chambre des urgences. Jamais scène de crime n'aura été si proche de mon bureau et c'est bien la première fois que je m'y rends à pied. À mon arrivée, l'officier de police de l'identité judiciaire, lui aussi arrivé très vite, est assis au bord du lit avec sa mine consternée des mauvais jours. Au premier coup d'œil, je comprends tout de suite que nos constatations conjointes sont « pliées ».

Le défunt a son air apaisé des grands jours, les mains jointes sur le thorax, muni d'un pyjama d'hôpital absolument impeccable. Impossible d'imaginer qu'il a été longuement réanimé. Manifestement il est déjà au paradis, abandonnant sa dépouille propre comme un sou neuf aux mains de la justice terrestre en attendant la justice divine. Tout le matériel médical consommable est en vrac dans un sac jaune réservé aux déchets de soins : tubulures de perfusion, masque à oxygène, sonde urinaire, sonde d'intubation, seringues, ampoules d'adrénaline... Même les draps ont été changés en vitesse, le sol nettoyé au point qu'il pourrait servir de table de pique-nique. Pff..., rapides les aides-soignants et le personnel de ménage.

Quant au lit voisin, lui aussi a été refait à neuf. Le SDF a mis les voiles...

— Excusez-nous, docteur, on n'a pas eu le temps de le transférer à la morgue, on a juste pu le rendre présentable pour votre arrivée. C'est propre, hein ? On ne voulait pas vous rendre un corps maculé. Il reste juste à jeter le sac jaune. Vous auriez vu le tableau !

Justement, j'aurais bien voulu voir... L'OPJ aussi, d'ailleurs.

Finalement Roland termine sa matinée sur ma table, après un petit passage en imagerie médicale. Avec pour moi un objectif simple : réussir à prélever le gaz dont il est bondé pour le faire analyser.

Je commence par un examen externe détaillé. Le légiste recherche toujours, dans les cas de mort suspecte, les traces d'une lutte comme lorsqu'une victime tente de se défendre, ou des marques traduisant une contrainte. Je retrouve effectivement des sillons rougeâtres et circulaires faisant le tour des poignets et des chevilles. Le rapprochement est vite fait : n'oublions pas que Roland était attaché sur son lit, pour des raisons médicales. Dans ses épisodes d'agitation, il s'est irrité la peau malgré les protections cutanées. J'imagine facilement qu'il était totalement incapable de se défendre. En dehors de cette constatation, je retrouve également les traces de ses soins : quelques points de ponction veineuse en particulier. Rien que de très logique.

Mon examen interne commence par la dissection du réseau veineux superficiel du bras gauche. J'ai remarqué sur les radios que le gaz a envahi de manière beaucoup plus importante toute cette partie gauche, et que le phénomène semble se manifester à partir du point de perfusion, au milieu de la face antérieure de l'avant-bras. Je vais donc vérifier. Je fais une grande incision sur la face antérieure du bras, de l'épaule au poignet. Je soulève délicatement la peau pour dégager le réseau veineux qui circule dans la mince couche graisseuse située entre la peau et les muscles. Je retrouve la trace du point de perfusion, marqué par une petite perforation de la peau et une légère ecchymose. Effectivement, j'aperçois fort bien au travers des parois veineuses les chapelets de bulles qui remontent vers le haut du corps à partir du point d'entrée de l'aiguille.

Je procède ensuite à l'incision principale, du pubis au menton, pour explorer la cage thoracique et l'abdomen. Du fait de l'infiltration par les gaz, tous les tissus se décollent facilement. Je dois faire particulièrement attention à ne pas sectionner de vaisseaux, ce qui provoquerait une fuite. Et si le gaz part, je suis fait comme un rat. Le toxicologue qui attend à côté de moi pour sceller les prélèvements gazeux en serait pour ses frais.

Après avoir sectionné les côtes au costotome, une sorte de sécateur chirurgical, j'explore le thorax qui ne révèle rien d'autre que l'omniprésence du gaz. Impressionnant. On dirait un plongeur qui aurait fait un accident de décompression. Le cœur est intact. Je remonte vers le cou pour découvrir les gros vaisseaux veineux, en particulier ceux que l'on appelle les troncs brachio-céphaliques. Gros comme un tuyau d'arrosage, ils passent en arrière des clavicules et ramènent le sang des membres supérieurs et du cerveau vers le cœur. Je n'ai aucun mal à les repérer. Ils sont particulièrement dilatés et je vois à travers la paroi du tronc veineux gauche d'énormes bulles de gaz dans lesquelles je vais pouvoir faire mes prélèvements.

Je plante une grosse aiguille munie d'une seringue dans la veine, j'aspire doucement le gaz qui vient facilement, puis j'injecte le gaz dans les flacons spéciaux. Le toxicologue scelle les flacons par une capsule métallique à l'aide d'une pince spéciale. Le gaz ne peut plus s'échapper.

Je répète ma manœuvre dans la veine cave supérieure, puis dans les cavités cardiaques. Enfin voici le moment de faire un peu de pédagogie. Alexia complète sa formation dans le service depuis presque deux ans. Une originalité pour une psychiatre.
— Alexia, vous savez comment prouver une embolie gazeuse ? Ici, ce n'est pas le gaz qui manque, mais lorsqu'il n'y en a que très peu ?
— Avec les radiographies, chef. On voit l'air, cela fait de petites bulles dans l'artère pulmonaire.
— Les radiographies ?
— Oui, les radiographies.
— Non, pas les radiographies. Le scanner, oui, car ses images sont beaucoup plus fines. Mais encore ?
— Je ne vois pas, chef.
— Et bien en ouvrant les gros vaisseaux dans l'eau, les bulles s'échappent et on peut les recueillir. Regardez.
Je remplis la cavité thoracique de sérum physiologique. Puis, travaillant sous le niveau du liquide, j'incise le péricarde, cette épaisse membrane qui entoure le cœur. Je place ensuite un récipient transparent et plein de sérum ouverture vers le bas au-dessus de la veine cave supérieure, que je sectionne enfin. Un fort dégagement de bulles monte à la surface et vient se placer dans mon récipient.
— Voilà. Si vous voulez analyser le gaz, il suffit de le prélever dans ce récipient.
Le reste de l'examen interne ne révèle pas d'anomalie particulière, en dehors de l'énorme quantité de gaz.

C'est étrange. Tous les amateurs de romans noirs ont déjà croisé, au fil de leurs lectures, un crime par embolie gazeuse. L'assassin s'est glissé silencieusement dans la chambre du malade et a injecté de l'air dans sa perfusion. Il suffit du contenu de quelques grosses seringues pour causer une mort certaine. Mais ici, j'ai du mal à imaginer un criminel s'y reprenant à trente ou quarante fois, pour gonfler sa victime comme un pneu de camion. Ce serait à coup sûr prendre le risque de se faire surprendre. Ou alors aurait-on gonflé Roland à la bouche, comme une bouée ou un matelas de plage ?

Je penche plutôt pour l'utilisation d'un gaz sous pression introduit par la perfusion. En quelques secondes, un très gros volume de gaz peut ainsi être injecté dans le circuit veineux. Or, ces gaz sous pression sont à portée de main dans la chambre de Roland, complètement équipée de plusieurs robinets distribuant de l'oxygène, du protoxyde d'azote et de l'air comprimé. Il y a même un tuyau réservé au vide, pour aspirer les sécrétions. L'un ou l'autre de ces gaz a pu être utilisé. Pourtant la difficulté principale est de trouver un tuyau comportant le bon raccord, car les prises de gaz sont munies de système de sécurité. Histoire de ne pas mélanger oxygène et protoxyde d'azote par exemple.

L'enquête sur la mort de Roland s'intéresse bien évidemment au voisin de chambre. Surtout que le SDF a brusquement retrouvé la santé, quittant l'hôpital en plein nettoyage de la chambre, avant l'arrivée des officiers de police judiciaire. Mais ces derniers n'ont eu aucun mal à le retrouver dans les rues de la ville pour l'interroger. Après avoir pris son café du matin en même temps que Roland, il s'était rendormi et à son réveil, il l'avait vu, immobile sur son lit, la tête renversée en arrière et la bouche grande ouverte. Il avait appelé. Et c'est tout. L'homme n'a pas de passé judiciaire, n'est pas coutumier de faits de violence et n'a aucun mobile. Sauf à en vouloir à Roland pour l'empêcher de dormir ?

Le dossier médical de la victime, passé au crible, n'apporte guère plus de lumière. La poche de perfusion a été changée au milieu de la nuit sans que l'infirmier note la moindre anomalie. L'aide-soignant qui a servi le petit-déjeuner a confirmé que Roland était bien vivant vers 6h30 du matin. Rien à tirer de ce côté-là.

Les enquêteurs en sont encore à chercher le début d'une piste lorsque le laboratoire communique les résultats de l'analyse des gaz. Il s'agit d'oxygène pratiquement pur. L'hypothèse d'une injection volontaire d'air naturel ou d'air expiré tombe d'elle-même : le gaz comprendrait forcément un pourcentage important d'azote. C'est le déclic. Car le patient était sous oxygène, pour ses difficultés respiratoires. Était-il possible d'utiliser la connexion du masque pour la brancher sur la perfusion ?

Une vérification rapide s'impose. Tout le matériel de soins de Roland, récupéré de justesse par les policiers, est sous scellé. Une reconstitution en salle s'impose.

Une fois tout le monde équipé d'une protection, le scellé est ouvert. Un fatras de tuyaux, de poches, d'aiguilles s'étale sur la table. Après un tri rapide, je retrouve la poche de perfusion et ses tuyaux. La tubulure amenant le produit de perfusion est connectée à une sorte de vanne permettant de brancher un second tuyau, au cas où il faudrait compléter ou alterner les traitements. Un robinet à trois voies. La partie de la tubulure située entre la poche et le robinet est pleine de liquide. En revanche, la partie située entre le robinet et l'aiguille est remplie de gaz. Il est prélevé pour analyse, qui confirmera la présence d'oxygène pur. Enfin, le tuyau qui amène l'oxygène au malade se débranche sans trop de difficulté du masque et s'adapte parfaitement sur le robinet de perfusion. À croire que c'est prévu pour.

Alors, erreur de branchement médical plutôt que crime par le voisin de chambre ? Ce ne serait pas la première fois que des erreurs grossières de ce type conduiraient au décès. J'ai en mémoire une affaire relevée dans la presse, où un produit de gavage avait été connecté au cathéter veineux d'un bébé, au lieu de sa sonde gastrique. Dans cette hypothèse, une fois l'erreur constatée, le soignant corrige son montage mais le mal est fait.

Le personnel médical, les infirmières, les aides-soignants, déjà interrogés aux premières heures de l'enquête, sont de nouveau questionnés, de façon plus précise. On demande à chacune et chacun de décrire les actions et les gestes accomplis ce matin-là autour des dispositifs médicaux, notamment du masque respiratoire et de la perfusion. Mais rien n'apparaît bizarre.

Jusqu'à ce que l'un des aides-soignants raconte qu'à son passage vers 7h30 pour ôter les plateaux, les deux occupants de la chambre dormaient profondément. Roland en particulier. « Il avait même un air particulièrement apaisé. Je n'ai pas osé faire le moindre bruit, c'était tellement exceptionnel de le voir comme cela ! »

Mais notre psychotique, qui avait été détaché de ses liens pour son petit-déjeuner, était emberlificoté dans ses tubes, sa perfusion arrachée traînait sur le sol, tout comme le masque à oxygène. « C'était dangereux, avec les microbes. Alors, j'ai tout jeté dans le sac jaune et j'ai rattaché le malade. Je n'aurais jamais imaginé qu'il était mort ! »

Bon. Toutes les hypothèses doivent maintenant intégrer cette nouvelle donnée : Roland n'était plus attaché entre 6h30 et 7h30. Il pouvait non seulement prendre son petit-déjeuner, mais aussi manipuler ses tuyaux. Et en grand habitué des hôpitaux, il avait eu tout loisir d'observer les infirmières poser les perfusions, injecter les médicaments, utiliser le robinet à trois voies. Suffisamment pour mettre fin à ses jours.

Un petit tour dans son dossier conforte cette nouvelle hypothèse : Roland avait survécu à plusieurs tentatives de suicide, chaque fois avec des médicaments.

Et oui, les psychotiques se suicident aussi. Mais pas avec les mains attachées… Et les aides-soignants obsessionnels de l'hygiène et du rangement peuvent se révéler de terribles trouble-fête pour les légistes.

22 La 4L

Une 4L fait une sortie de route. Sur les trois occupants, tous bourrés, deux sont blessés, le troisième est tué. Bien entendu, les survivants, Jacques et Alain, désignent le mort, Louis, comme étant le conducteur, seul fautif dans cette affaire. C'est bien connu, les absents ont toujours tort. Mais est-ce la vérité ?

L'histoire commence par une bonne partie de chasse entre copains, un samedi, dans la région de Saint-Savin, une petite commune située dans l'est du département de la Vienne. Le village est célèbre dans le monde entier et classé au patrimoine mondial de l'Unesco pour son abbaye datant du IXe siècle et les fresques romanes qui ornent ses murs. Qui ont d'ailleurs inspiré, dans un style assez différent, les étudiants de l'école des beaux-arts de Poitiers lorsqu'ils ont repeint l'internat du CHU de Poitiers.
Indifférents à ces prouesses picturales, les trois amis préfèrent arpenter les sous-bois, le fusil à la main et se retrouver ensuite autour d'une bonne table pour vider quelques bouteilles. Un emploi du temps qu'ils suivent à la lettre en ce début de week-end d'octobre.
Le lendemain dimanche, les trois amis appliquent

consciencieusement les principes de la confrérie des gueules de bois : soigner le mal par le mal et ne pas laisser refroidir l'alambic. Apéritifs, vin à volonté, digestifs, le repas de midi fait remonter les alcoolémies au niveau d'une anesthésie générale, ce qui a pour effet de dissiper les maux de tête. On a beau dire, mais les conseils des anciens sont vraiment efficaces.

Ragaillardis, les comparses se demandent ce qu'ils vont bien pouvoir faire de cette longue après-midi dominicale. La sieste, ce serait dommage, pourquoi ne pas repartir à la chasse ? Il suffit de repasser chez les uns et les autres pour récupérer les fusils et le tour est joué. On embarque donc dans la 4L et on file. Quelques kilomètres plus loin, l'expédition tourne court dans un virage. La voiture quitte la route, fait une embardée et termine sa course en plein champ, couchée sur le côté droit. Louis se retrouve coincé sous le véhicule, le thorax écrasé, et meurt sur le coup. Alain est éjecté et reste inconscient dans les labours du champ. Jacques sort tant bien que mal par la lunette arrière du véhicule lorsque les pompiers arrivent. Les deux rescapés s'en tirent avec pour l'un un traumatisme crânien, des plaies du cuir chevelu, quatre côtes fracturées à droite et une contusion du foie, pour l'autre une fracture des vertèbres cervicales, un traumatisme crânien et des contusions à droite et à gauche.

Qui dit accident mortel dit enquête de la gendarmerie. Lorsque les gendarmes commencent leur interrogatoire dans la chambre des deux blessés, au CHU, ceux-ci ne se rappellent strictement de rien. Sauf du conducteur : c'était le disparu.

À la demande des enquêteurs, je procède à l'examen des deux blessés, quelques jours après l'accident. Ils présentent tous deux de superbes traces, à croire qu'ils sont passés dans le tambour d'une machine à laver géante. En tous cas ni l'un ni l'autre ne portaient sa ceinture. L'éjecté a bien de multiples érosions cutanées, souvenir de son passage sur la terre sèche. Aucun n'a les traces souvent marquées du volant qui marque le thorax du conducteur lors des accidents. C'est que la 4L n'a pas d'airbags.

Dont acte, tout le monde est d'accord, le mort était le conducteur. Affaire classée.

Des mois passent et les choses auraient pu en rester là sans une plainte de la veuve, qui l'a en travers du gosier. C'est qu'elle se souvient très bien du déjeuner dominical si bien arrosé. Elle a bien vu partir les trois gaillards dans la 4L, mais c'est Alain, l'un des deux rescapés, par ailleurs propriétaire en titre de la voiture, qui avait pris les commandes. Une voiture dont il ne donnait jamais le volant à personne, d'ailleurs. Alors, histoire de faire reconnaître la vérité, que ce n'est pas son mari qui était l'ivrogne de service responsable de l'accident, elle a consciencieusement contacté un avocat qui s'est chargé de l'affaire : une plainte directement auprès du doyen des juges d'instruction, avec constitution de partie civile. Et tac !

D'où la mission du jour : qui conduisait ?

J'ai beau reprendre les pièces de procédure et mes rapports, il m'est impossible de préciser les places respectives des occupants dans le véhicule. En plus, personne n'a examiné en détail le défunt. La feuille d'intervention du Samu mentionne le décès (c'est rassurant, on n'a pas enterré un vivant et il ne grattera pas le couvercle du cercueil pendant des heures, avant de mourir dans une lente et douloureuse agonie). L'écrasement thoracique était évident, résumé en deux lignes. Mais pour ce qui est du reste, ces petites lésions qui intéressent énormément les légistes, les ecchymoses ou hématomes qui traduisent un impact, ces érosions qui marquent un frottement... rien. Maintenant que le défunt a été enterré depuis des mois, j'aurais bien du mal à retrouver les signes les plus discrets. En plus la famille ne veut pas. Ni le juge, il n'aime pas déranger les morts. Pour lui, c'est un manque de savoir-vivre, surtout plusieurs mois après les évènements. Alors, faute de macchabée, je fais avec ce que j'ai.

Ma seule chance, c'est l'expert automobile que le juge d'instruction m'a adjoint, histoire d'avoir des regards croisés sur l'affaire dans un rapport commun. C'est bien la première fois que je vais assister à l'autopsie d'une voiture.

C'est donc avec curiosité que j'accompagne mon collègue expert sur les lieux de l'accident. Coup de chance, il fait beau. Malgré le temps passé et les intempéries de l'hiver, les traces sont encore visibles dans le champ labouré. La voiture est sortie de la route dans le creux de la courbe. Elle a franchi le bas-côté, puis un profond fossé de 80 centimètres de large et un talus de près d'un mètre de haut avant de finir sa course dans une longue glissade sur le côté droit.

Puis nous procédons à l'examen de la voiture, stockée sous une bâche dans un garage de la région. En piteux état, l'engin. J'observe avec beaucoup d'intérêt la façon de faire de l'expert qui commente pour moi ses observations.

Le premier choc concerne l'avant droit du véhicule.

L'aile, le passage de roue et la traverse inférieure sont déformés. La porte avant droite est arrachée. Elle a été placée sur le siège arrière. Elle présente une forte déformation de l'intérieur vers l'extérieur, évoquant la percussion d'un corps mou. L'expert note que les fixations de la portière ont été modifiées. Le système vis-écrous d'origine a été remplacé par un bricolage artisanal fait de deux goupilles engagées dans deux axes. Ce mécanisme, incapable de résister lors de la moindre collision, permet de démonter la porte en un clin d'œil et de la glisser dans le coffre. Un gros avantage lorsqu'il s'agit de braconner de nuit sur les chemins forestiers, à la lumière des phares. Le passager avant peut ainsi se mettre en position de tir, tandis que le conducteur roule à faible allure.

La porte arrière droite est toujours à sa place, mais sa partie supérieure est pliée vers l'extérieur et sort de plus de 10 centimètres de son cadre.

Le deuxième choc se situe sur la partie supérieure gauche du capot avant, qui est enfoncé et profondément rayé. Des rayures orientées à 45 degrés, présentes également sur le pavillon. La porte arrière gauche présente la même déformation que celle de droite, mais beaucoup plus marquée : sa partie supérieure sort de presque 40 centimètres vers l'extérieur.

Enfin, un troisième choc à l'arrière gauche a endommagé l'aile et la roue, lors d'un impact perpendiculaire au véhicule. Tous les interstices du flanc droit sont remplis de terre.

Mon collègue me refait le film de l'accident qui se dessine ainsi progressivement. La 4L sort de la route et tape dans le fossé par l'avant droit. Elle part alors en tonneaux. En se retournant, la partie gauche de son capot frappe sur le haut du talus. Elle poursuit son tonneau, heurte le sol par la roue arrière gauche, achève son tour complet et retombe finalement sur le côté droit. Au total, un beau 450 degrés.

Reste maintenant à mettre en concordance les séquences de ce film et les lésions des deux survivants. Au passage, l'expert automobile me fait une formation accélérée.

Lorsqu'un véhicule circule, ses occupants ont la même vitesse que lui par rapport au sol. Lorsqu'il percute un obstacle, l'habitacle est brutalement freiné. Dans le délai très bref de la déformation de la caisse qui absorbe une partie de l'énergie du véhicule, il tend vers la vitesse zéro. En l'absence de ceinture, les occupants conservent leur vitesse initiale avec laquelle ils percutent les parois du véhicule. Aïe, bobo ! C'est pour cela qu'il faut porter sa ceinture. Les excuses pour ne pas le faire, c'est des blablas.

Reprenons notre 4L.

Lors du premier choc, tous les occupants, conducteur compris, sont brutalement déplacés vers le côté droit du véhicule. Les passagers avant et arrière, qui n'ont pas attaché leurs ceintures de sécurité, viennent heurter les portières droites avec toute la violence que donne leur vitesse. Ceci explique les déformations de l'intérieur vers l'extérieur.
La porte arrière, qui a ses attaches réglementaires, résiste. C'est prévu pour ! Et le passager arrière reste à l'intérieur. Bien secoué, blessé, mais vivant. Par contre, la porte avant, dont la fixation a été modifiée pour la

bonne cause, est violemment arrachée par la percussion, ce qui permet l'éjection du passager avant. Surtout qu'en plus il est poussé par le conducteur. Mais seul le passager est éjecté : si le conducteur l'avait été à ce stade de l'accident, il n'aurait pas été écrasé par le véhicule en fin de course.

Donc la porte a cédé, mais pas sans résister, entraînant des lésions du flanc du passager. Or l'un des deux blessés a subi un traumatisme abdominal, des fractures de côtes à droite et une contusion du foie. Précisément celui qui a les multiples érosions de son passage dans le champ. Bingo pour lui. C'est Alain, le propriétaire de la voiture, c'est lui le passager avant droit. Au moins celui-ci a dit la vérité.

Après ce premier choc, le tonneau est amorcé et communique aux deux derniers occupants, Jacques et Louis, un mouvement vers le haut dans le véhicule. Tout part en vrille pour les deux hommes qui, au second choc, viennent violemment percuter l'habitacle côté gauche, à la limite du toit. Le conducteur y laisse des cheveux qui viennent se coincer sur le montant. Repérés lors de notre visite, je les ai prélevés et soigneusement remis au juge. Quant au passager arrière, il s'est blessé le flanc gauche en défonçant la portière qui, elle, a résisté : un coup à droite, un coup à gauche...

Je résume avec mon co-expert.

— Le passager avant, un choc violent du côté droit, éjection, des érosions multiples liées au terrain, rien à gauche, c'est OK, c'est mon premier blessé, c'est Alain.

— C'est d'accord.

— Le passager arrière, un choc violent à droite, un autre à gauche, pas d'éjection ni d'érosions.

— C'est d'accord.

— Mon deuxième blessé avait des contusions sévères à la fois sur le flanc droit et le flanc gauche. Mais j'ai un doute...

— Oui ?

— Et si c'était le conducteur ? Lorsqu'il a poussé le passager avant par la portière, il a pu se blesser à droite contre le passager ?

— C'est peu probable. Lors du premier choc les deux occupants à l'avant ont la même vitesse et la même direction de déplacement dans l'habitacle. Leur vitesse relative, l'un par rapport à l'autre, est quasi nulle. De plus, la portière est une surface dure, par contre le corps du passager est mou... enfin, relativement ! Si votre second blessé, Jacques, était le conducteur, il n'aurait pas les contusions importantes qu'il présente à droite.

C'est que mon co-expert apprend très vite, une fois qu'il a digéré les images un peu choquantes de mes deux traumatisés.

Le véhicule achève son tonneau en retombant sur son côté droit. Louis et Jacques sont de nouveau déplacés vers la droite. C'est à ce moment que le conducteur est éjecté par l'ouverture béante et se retrouve coincé sous la voiture.

L'analyse ADN indiquera quelques semaines plus tard que ces cheveux appartiennent à Louis, la victime, dont les gendarmes ont récupéré la brosse à dent à domicile.

Le mort est bien le responsable de l'accident. Et ce n'est pas le propriétaire de la voiture, comme en était persuadée la veuve. Le fin mot de l'histoire viendra plus tard, rapporté par un nouvel interrogatoire d'Alain par les gendarmes.

— Mais c'était bien vous qui étiez au volant, en partant de la ferme des X ?

— J'n'ai jamais dit le contraire. C'est après qu'on a changé. Quand on est arrivé chez moi, on a refait une tournée. Mais là, j'ai vraiment abusé, ma femme n'était pas là, j'en ai profité. Après je tenais à peine debout, je voyais tout en double. Je pouvais plus conduire. Du coup, j'ai laissé le volant, c'était plus prudent…

23 Eau de vie

Stupeur et tremblement chez les employés de la déchetterie de Poitiers. L'un d'entre eux vient d'apercevoir une atroce relique déposée dans la benne du tout-venant. Ses cris ont rameuté les collègues, qui tous observent maintenant l'objet incongru. Un magnifique bocal plein d'un liquide transparent et ambré dans lequel baigne un petit homme. Un fœtus.

Coup de téléphone au responsable régional, qui suggère d'alerter les services de police, qui s'adressent au procureur de la République. Il faut bien que quelqu'un prenne une décision. Ce sera lui.
Le bocal une fois scellé par l'officier de police, le procureur ordonne une expertise médico-légale du pas-né. À charge pour moi de répondre aux questions du magistrat : identité, âge, sexe et qualités de la victime, à savoir, issue d'un avortement clandestin ou de quelque autre manœuvre criminelle. Mais en tout état de cause, il ne peut être question d'homicide en ce qui le concerne, puisqu'il n'est pas né. Pas né ? Pourtant il est bien là ! Devant cette évidence, je ne peux pas faire de déni de grossesse.

Pour remplir ma mission, je commence par vider le bocal. Le liquide de conservation est manifestement de l'alcool. À l'odeur, j'ai l'impression de reconnaître du cognac. Une bonne base pour une liqueur d'exception. Serait-ce une version de la liqueur au crapaud, dans les « Bronzés font du ski » ?

Sous les yeux effarés de mon équipe, je plonge un doigt dans le liquide, puis dirige ma main vers ma bouche. Horreur dans les regards ! Je suspends mon geste.
— Quoi ?
— Chef vous n'allez pas faire cela ?
— Pourquoi ? C'est bon, le cognac !
— Oui, mais là, c'est… c'est… dégueulasse !
— On va voir. Il ne faut pas dire cela tant qu'on n'a pas goûté !
Et d'un air gourmand je me lèche consciencieusement le doigt.
— Hum, fameux ! Un grand cru, c'est sûr ! Et aucun arrière-goût !
— Ah ce n'est pas possible !
— Si si, à vous maintenant…

J'ai droit à une révolte générale. Impossible de décider quiconque.
— Bon, vous avez des progrès à faire avant d'être de bons légistes !
— Chef, ça n'a rien à voir !
— Si, justement.
— Parce qu'on refuse de goûter ? Vous exagérez. Faire cela, c'est vraiment dégueulasse. Même dans vos séries télés préférées, ils n'osent pas mettre ça au scénario !

— Évidemment, le cognac, ils ne connaissent pas !
— Chef, c'est nul !
— Pas du tout ! C'est un superbe test. Vous l'avez tous raté. Je me demande si je ne vais pas vous remettre les moufles !

Un grand silence s'ensuit. Et tous réitèrent en cœur :
— Pas question.
— Bon. Que déduisez-vous de ce test ?
— Que vous êtes pervers.
— Pas du tout. J'essaie de développer votre sens de l'observation. Et là, ce n'est pas gagné !
— Pourquoi ? Parce que nous avons refusé ?
— Non. Parce que vous n'êtes pas observateurs.
— En dehors de vous voir faire un truc innommable, je ne vois pas, chef !
— Moi non plus.
— Moi non plus.
— OK. Vous avez perdu.
— On n'a rien parié !
— Ce genre de truc, c'est tous les jours, il n'y a pas besoin de parier !
— Vous parlez d'une pédagogie !
— Pas du tout ! Vous vous en souviendrez toute votre vie ! Bon, je vous explique. Vous vous êtes tous focalisés sur le caractère horrible de ma manip. Mais en faisant ça, vous avez loupé l'essentiel.
— L'essentiel ?
— Oui. C'est l'index que j'ai plongé dans le cognac, mais c'est le majeur que j'ai mis dans ma bouche ! Vous avez perdu !

Je reviens à mon petit homme. La mesure de la longueur du pied lui donne un âge de 5 mois plus ou moins une semaine. Les radiographies ne montrent pas d'air dans les poumons, indiquant qu'il n'a jamais respiré et qu'il est mort-né. Le corps ne présente aucune trace traumatique, excluant toute manœuvre abortive.

L'autopsie proprement dite se fait sous un microscope stéréotaxique à fort grossissement, seule façon de bien distinguer les structures d'un corps aussi petit. Je ne repère aucune malformation particulière des organes, qui présentent toutes les caractéristiques anatomiques du fœtus de 5 mois. Ainsi, les deux oreillettes cardiaques communiquent-elles encore entre elles, la fermeture n'intervenant que plus tard. De même, le canal artériel, qui relie l'aorte et l'artère pulmonaire, est largement ouvert. De toute évidence, ce fœtus était viable mais aucun signe ne permet de dire qu'il a été expulsé vivant. C'est ce que je conclus dans mon rapport à destination du procureur.

Pendant ce temps, l'enquête diligentée par le Parquet s'est intéressée aux fréquentations de la déchetterie. Les policiers ont établi la liste des « habitués », déterminé les heures et jours de fréquentation des uns et des autres. Ce travail de fourmi les mène chez un médecin qui reconnaît immédiatement être l'ancien propriétaire du bocal. Navré de tout ce dérangement, mon confrère explique aux enquêteurs qu'il était en possession de l'objet depuis ses études de médecine. Le fœtus provenait d'une femme décédée en cours de grossesse, qui avait fait don de son corps à la science. S'étant décidé à vider son grenier et ne sachant comment s'en débarrasser, le médecin avait abandonné le bocal et son contenu à la décharge, ce qui était selon ses propres termes « une grande imprudence ».

La piste criminelle étant écartée, le procureur hésite longuement. Poursuivre ou ne pas poursuivre ? Voilà la question ! Le geste du médecin a-t-il porté atteinte à la dignité du cadavre, infraction punie, selon l'article 225-17 du Code pénal, d'un an d'emprisonnement et de 15 000 euros d'amende ? Mais il y a le risque d'une procédure vouée à l'échec : pour être une personne au sens pénal du terme, il faut être né vivant. Et un fœtus mort-né n'étant pas une personne, son statut pénal est incertain. Cadavre ou objet ? Finalement, le procureur classe l'affaire sans suite.

24 Gale

Peut-on retrouver la trace d'un agresseur à partir de la gale qu'il aurait refilée à sa victime? Telle est en substance la question que me pose le juge d'instruction enquêtant sur le viol d'une jeune fille dans la gare de Châtellerault.

Pendant des semaines, Corinne, la victime, avait gardé le silence. Mais progressivement, son comportement s'était modifié. Elle ne parvenait plus à dormir, se mettait à pleurer pour un rien. Un soir, elle a craqué. En larmes, elle a tout raconté à son copain. Comment un après-midi d'octobre, alors qu'elle attendait son train en gare de Châtellerault pour rentrer chez ses parents à La Rochelle, elle avait été entraînée dans les toilettes par deux garçons qui l'avaient violée chacun leur tour. Dans la foulée de cette déclaration libératrice et soutenue par son ami, elle est allée porter plainte au commissariat.

Corinne a expliqué aux policiers qu'après son agression, elle avait souffert de terribles démangeaisons. Son médecin généraliste n'avait rien trouvé, finalement c'est un allergologue qui avait identifié le mal. Difficilement, d'ailleurs : elle avait contracté la gale. Le traitement prescrit par le spécialiste lui avait permis de se débarrasser du parasite. Mais pour elle, toujours d'une hygiène impeccable, aucun doute, la contamination avait eu lieu au moment du viol.

Près de trois mois se sont écoulés depuis les faits dénoncés par la jeune fille. Pour les enquêteurs, cette gale est le seul élément précis d'un dossier totalement vide. Sidérée par le viol, n'osant en parler à personne, Corinne n'était même pas allée voir son médecin, au risque d'attraper d'autres saloperies autrement plus graves que la gale. Elle aurait pu être conseillée, orientée vers un service spécialisé. Il en existe partout sur le territoire, dans les hôpitaux, pour l'accueil des victimes d'agression sexuelle. Avec des équipes rodées : gynécologues, psychologues... même des légistes. La victime est examinée, des prélèvements gynécologiques sont pratiqués, pour recueillir les sécrétions de l'agresseur et son ADN. Un traitement prophylactique du sida est administré. Bref, une prise en charge complète, y compris psychologique qui aurait fait beaucoup de bien à Corinne. Trop tard. Du coup, pour les enquêteurs qui n'ont même plus les sous-vêtements à disposition (Corinne les a jetés, l'idée de les porter après cet évènement la révulsait), les indices matériels ont disparu depuis longtemps. Et Corinne est incapable de fournir une description précise de ses agresseurs. Reste donc la piste très ténue d'un minuscule parasite sur laquelle se lance le juge d'instruction.

La lecture de cette mission sur pièces me laisse pantois : le magistrat a déjà exploré le sujet. Il me

demande en effet de :
— *dire s'il existe plusieurs types de gale ;*
— *indiquer le mode de transmission de la maladie ;*
— *préciser s'il est possible de la contracter lors d'un contact prolongé avec des chevaux (Corinne travaille dans un centre équestre et prépare un diplôme d'équitation) ;*
— *préciser le délai d'incubation pour la maladie ;*
— *indiquer le temps pendant lequel la personne contaminée est contagieuse ;*
— *indiquer s'il est possible, au vu du traitement dont a bénéficié Corinne, d'identifier le type de gale qu'elle a contractée ;*
— *indiquer les soins et traitements nécessaires pour soigner cette gale et préciser le nom des médicaments qui peuvent être prescrits ;*
— *préciser si la gale, lorsqu'elle est diagnostiquée, doit faire l'objet d'une déclaration par le médecin à une autorité ou à un organisme de santé ;*
— *indiquer, dans la mesure du possible, le nombre de gales qui ont été diagnostiquées dans l'année, notamment sur la période allant de septembre à décembre, dans la région Poitou-Charentes, en particulier dans les départements de Charente-Maritime, de la Vienne, et dans le département du Maine-et-Loire.*

Pourquoi le Maine-et-Loire ? Une donnée de l'enquête qui m'échappe, sans doute.

J'ai bien compris la démarche. Identifier la gale de Corinne, vérifier qu'elle n'a pas pu la contracter sur son lieu de travail, que les délais entre le viol et les premières démangeaisons correspondent au délai d'incubation. Puis remonter jusqu'aux agresseurs en identifiant les acheteurs de traitement contre la gale dans la région ou en passant par les éventuels registres de déclaration obligatoire. Bref, « tracer » la gale. Super, une sorte de filature invisible. Un vrai travail de flic médical, digne des scénarios de *Dr House*.

Mes souvenirs de parasitologie étant loin, il me faut actualiser mes connaissances. Je n'ai plus qu'à me plonger dans les ouvrages savants consacrés à cette maladie de la peau. D'où il ressort que les démangeaisons sont provoquées par la présence d'un minuscule acarien femelle. Ce parasite invisible à l'œil nu creuse des sillons sous la couche superficielle de l'épiderme afin d'y pondre ses œufs. Beurk ! Une sorte de cannibalisme… Ces sillons se situent de préférence entre les doigts, sur les faces antérieures des poignets, les fesses, l'aine, les aisselles, le cou, le dos et le cuir chevelu. Ne me demandez pas pourquoi, c'est comme ça. La présence de ces petits tunnels, parfaitement visibles sous la peau pour peu qu'on les recherche, est caractéristique de la gale.

La femelle creuse l'épiderme au rythme de quelques millimètres par jour, avec une particularité : elle est incapable de reculer ou de faire demi-tour. Tout en avançant, elle pond deux à trois œufs par jour, qui vont éclore et se transformer en gales adultes en une vingtaine de jours.

La transmission se fait lors de « contacts étroits », de peau à peau. Ouf, ça ne vous saute pas dessus ! La gale est d'ailleurs considérée comme une maladie sexuellement transmissible.

La période d'incubation correspond au temps

nécessaire à la multiplication des parasites, jusqu'à ce qu'ils soient assez nombreux pour entraîner les démangeaisons. Ce délai peut aller de quelques jours, en cas d'infestation massive, à un mois dans la plupart des cas.

Revenons précisément à notre victime. Selon le calendrier et les dates qu'elle rapporte, les premières démangeaisons sont apparues un mois après l'agression. Chouette, ça colle.

Par contre, elle travaille avec des chevaux, des contacts étroits d'une autre nature. Or il existe des gales animales et végétales transmissibles à l'homme. Le cheval possède d'ailleurs sa propre gale. Mais je suis vite rassuré : dans ce cas, les démangeaisons provoquées par ces parasites cessent rapidement et sans aucun traitement. En effet l'homme n'est pas leur hôte habituel. Face à cette erreur d'adresse, le parasite du cheval est accueilli d'une façon tellement désastreuse qu'il en meurt rapidement. Ce qui n'a pas été le cas chez Corinne qui s'est grattée beaucoup plus longtemps, jusqu'à ce que le traitement fasse son effet. Je peux donc exclure l'hypothèse d'une contamination sur son lieu de travail.

Reste à exploiter les ordonnances délivrées à Corinne pour soigner son mal. Le juge et les enquêteurs ont bien fait les choses, ils ont réussi à en retrouver les copies. Celle du généraliste prescrit un antihistaminique, un anti-inflammatoire et une crème à base de cortisone. De quoi diminuer le grattage, mais totalement inefficace pour éliminer le parasite. Mon confrère est passé à côté. Difficile de lui en vouloir, depuis les progrès de l'hygiène, la bestiole a la vie plus dure et le diagnostic devient rare. En revanche, l'allergologue a eu du flair puisqu'il a prescrit un traitement parfaitement adapté à la destruction de la bestiole. Bref, je peux indiquer au magistrat instructeur le type de gale auquel a été exposée la victime : une gale humaine, c'est une certitude.

La piste des registres recensant les maladies contagieuses se referme très vite : la gale ne figure pas sur la liste des maladies à déclaration obligatoire. Sauf s'il s'agit de collectivités : une piste à creuser, dirait mon parasite. Mais en dehors de cela, il est strictement impossible de retrouver le nombre de cas diagnostiqués dans la région.

Dans mes conclusions, je ne peux que suggérer au juge de rechercher, dans les données de l'assurance maladie des départements concernés, les prescriptions correspondant au traitement de la gale qui auraient été délivrées à une date proche de celle des faits, ou les mois suivants. Si l'agresseur a consulté un médecin et s'il est titulaire d'une carte vitale, alors son nom figure quelque part dans les dossiers de la Sécu... Mais le succès est loin d'être assuré. Un peu comme dans ces jeux où l'on peut gagner... au tirage ou au grattage !

25 Grain de beauté

Les demandes des juges d'instruction sont parfois pleines de surprises. Celle du jour en fait partie. Il s'agit d'aller vérifier si un détenu poursuivi pour agression sexuelle sur mineur est capable d'érection. Comme la jeune victime avait, malgré le stress de la situation, conservé un bon sens de l'observation, et qu'il faisait état d'une particularité anatomique plutôt rare, je dois également m'assurer de la présence d'un grain de beauté sur la partie érectile de l'individu.

C'est le genre d'expertise à prendre par le bon bout. Je passe donc un long moment à préparer ma visite à la maison d'arrêt. Mon dernier souvenir de prison date déjà un peu, là encore pour des affaires de sexe, mais pour la bonne cause. Elle m'avait laissé un souvenir un peu nauséeux et les câlins suivants avaient été perturbés[8]. Mais je n'ai pas le choix.

Pour le grain de beauté, un simple coup d'œil devrait suffire. Même sans érection. D'autant que si j'en crois

---

8 Voir le chapitre « Passez par la case prison » dans *Les Nouvelles Chroniques d'un médecin légiste, Jean-Claude Gawsewitch Éditeur*, Paris, 2011.

le dossier du prévenu, son grand truc à lui, c'est juste de baisser sa culotte. Certes, de préférence devant des petits garçons, et dans ce domaine, j'ai largement passé l'âge. N'empêche, je dois pouvoir compter sur sa collaboration pour effectuer cette manœuvre.

En revanche, estimer la capacité de bandaison est autrement plus compliqué.

La remise en situation est bien entendu exclue. Le recours aux services d'une prostituée agrémenterait l'expertise et donnerait, j'en suis sûr, des résultats inattendus. Je n'ose proposer cela au magistrat qui ne voudra jamais, je l'imagine, « introduire une prostituée en prison »... Surtout qu'en plus il ne se sépare en aucun cas de sa greffière. Et que son expert serait là. Chaude, très chaude, la manip ! Même si on peut imaginer que les fantasmes les plus fous se logent partout... Alors, dans son cabinet, peut-être ?

Reste un petit tour sur un site porno, sur Internet. Ils ont bien cela en prison, non ? Surtout à celle de Vivonne, toute neuve et fort bien équipée...

Sauf que là, cela ne marcherait pas. Car mon détenu a une préférence sexuelle : les petits garçons. Le faire bander avec une belle plante pulpeuse, lascive et exposée, aux seins généreux, c'est voué à l'échec. En plus, il en faut pour tous les goûts. Mais là, l'avantage d'Internet, c'est l'étendue du catalogue : petits seins, gros seins, blondes, brunes, Blacks, Asiatiques, jeunes, vieilles, j'en passe et des meilleures. Mais il n'y a pas de mineurs. Du moins en théorie. Ce serait de la pédopornographie. Alors, l'amener à nos correspondants gendarmes ou policiers chargés de la traque aux pédophiles sur Internet ? Eux passent du temps à visionner ces horreurs pour la bonne cause.

Rien que d'y penser, cela m'écœure. Là, c'est l'expert qui fait un refus d'obstacle.

Je dois donc recourir à une approche indirecte, beaucoup plus austère mais conforme à l'éthique et à la loi[9].

Pour cette approche, je prépare avec beaucoup de soin un questionnaire auquel je vais soumettre le détenu. D'abord je vais l'interroger sur ses antécédents médicaux et chirurgicaux, afin de vérifier qu'il est physiologiquement capable d'avoir une érection. Inutile en effet d'aller plus loin s'il s'est éclaté son service trois pièces lors d'un accident, comme ce malheureux heureux en Harley Davidson qui s'était vautré sur son réservoir lors d'une compétition de full contact avec un poids lourd. Lequel fort de ses 35 tonnes avait gagné ! Au passage, la décoration sublime de l'engin, le bouchon de réservoir en particulier, fort enjolivé, lui avait pelé le jonc, au sens propre et non au figuré. D'ailleurs c'était en plein été. Il s'était aussi éclaté le bassin, perforé la vessie, détruit la commande neurologique de la bandaison. Alors forcément, cela ne marchait plus comme avant, m'avait-il avoué lors de l'expertise. Moi, les Harley, ce n'est pas mon truc. J'ai toujours préféré les hyper sportives, celles qui permettent de prendre des angles fous, sur les petites routes de montagne. Question d'adrénaline, je suppose...

Mais je m'éloigne de mon sujet.

Il y a aussi quelques maladies handicapantes à

---

9 Les deux ne sont pas synonymes, car l'éthique s'arrête aux portes du droit.

éliminer. Je vais ensuite évoquer avec lui le versant psychologique de la chose pour l'amener éventuellement à me préciser les conditions dans lesquelles l'érection se déclenche.

Alors que je suis prêt à remplir ma mission avec zèle et dévouement, j'apprends que mon patient a été transféré dans un autre établissement pénitentiaire, en Corse.

Pas contrarié pour deux sous, je saute sur mon téléphone pour proposer au juge d'aller au bout de ma mission. Surtout qu'il y a un « Poitiers-Ajaccio » direct. J'imagine déjà le voyage vers cette île magnifique, les retrouvailles avec quelques vieilles relations de la magistrature poitevine émigrées entre Bastia et Ajaccio, la dégustation de quelques spécialités locales face à la mer. Et pourquoi pas, quelques petites plongées…

Hélas, je dois déchanter.
— Je vais me débrouiller docteur, merci, je trouverai un autre légiste.

Adieu torta di cheggi, figatellu, soupe aux poissons, cannellonis au brocciu et glace au cédrat… Il faudra attendre les vacances.

26 Bonne année, bonne santé…

Ce client-là a mal commencé l'année. Les pompiers l'ont ramassé, à l'aube du 1er janvier, sur un trottoir de La Rochelle, pas en grande forme. Sévèrement imbibé, le garçon, et salement amoché. Quelques menuisiers improvisés avaient décidé de lui travailler la gueule de bois tout en finesse, avant de disparaître. Le réveillonneur n'a pas supporté. Le voilà donc, en ce cinquième jour de janvier, fier de faire l'ouverture de ma saison d'autopsie alors que je reviens d'un beau séjour de ski.

Le légiste ne choisit pas ses morts, loin s'en faut. Mais de temps en temps, il aime s'épargner le tête-à-tête avec de vieux macchabées pourris. Surtout après les fêtes. Disséquer un putréfié alors qu'on digère à peine le foie gras et les huîtres, c'est à vous gâcher la reprise.

Coup de chance, mon premier cadavre de l'année est en parfait état de conservation. De la première fraîcheur. Il a séjourné uniquement dans des draps propres, d'abord à l'hôpital de La Rochelle, puis en neurochirurgie au CHU de Poitiers. Il a été surveillé et toiletté par un personnel médical compétent, avant de terminer au frigo de la morgue. Pas un gramme de moisi sur ce corps athlétique de 44 ans.

Je commence par la lecture édifiante de son dossier médical. À son admission aux urgences de La Rochelle, l'homme présentait une fracture temporale droite, une importante contusion cérébrale, une pneumo-encéphalie, c'est-à-dire de l'air dans la boîte crânienne, une hémorragie en arrière des deux orbites et un œdème comprimant le cerveau. Pas de quoi pavoiser.

Transféré le jour même au CHU de Poitiers, son état n'a cessé de s'aggraver, malgré les tentatives de faire baisser la pression intracrânienne, surveillée par une sonde passée au travers d'un petit forage dans l'os. Jusqu'à aboutir à la mort cérébrale deux jours plus tard. La mort survenant après une agression sur la voie publique, en bonne logique, le procureur de Charente-Maritime me demande de faire un inventaire des lésions et d'établir les causes de mort.

L'examen externe ne suffit pas à donner une réponse. Certes, ce type a été roué de coups. Il a une large plaie du cuir chevelu à l'arrière de la tête, la lèvre supérieure est éclatée, une incisive est partie, nez et joue présentent des érosions reproduisant fidèlement la semelle d'une chaussure, l'œil droit est fermé par une énorme ecchymose. Tout cela est fort dommageable, mais n'entraîne pas forcément la mort. Et surtout ne renseigne pas complètement sur ce qui s'est passé. Il me faut donc chercher plus en profondeur.

J'ouvre. Mais thorax et abdomen ne m'apprennent rien. Je termine donc par la dissection de la tête, cible principale des coups. J'incise le cuir chevelu d'une oreille à l'autre en passant par le sommet du crâne, je rabats les deux parties, d'une part vers l'avant, sur les yeux du mort, d'autre part sur la nuque. Ce qui me permet de découvrir près d'une dizaine de lésions bien séparées, visibles uniquement à la face profonde du cuir chevelu. En effet, le cuir chevelu est très épais, et lorsqu'un coup provoque une ecchymose ou un hématome, il faut plusieurs jours pour que le sang migre vers la surface et fasse apparaître une trace détectable dans les cheveux.

La fracture du crâne visible au scanner se révèle bien plus impressionnante lorsqu'on l'observe en direct. Allant d'un côté à l'autre de la tête, elle disjoint des sutures osseuses. L'ouverture de la boîte crânienne et la coupe du cerveau montrent des lésions cérébrales particulièrement marquées.

Je conclus pour le procureur à une cause de mort clairement identifiée, à savoir, un traumatisme crânien grave associé à huit ecchymoses ou hématomes sur le crâne et quatre traces d'impacts violents sur le visage, témoignant d'autant d'impacts, d'autant de coups. Voilà une affaire rondement menée. Du moins en ai-je l'impression, alors que je quitte les gants et ma canadienne pour regagner mon bureau. J'ignore qu'elle va me rattraper un an et demi plus tard.

Entre-temps, les enquêteurs ont mis la main sur une petite bande, composée de cinq jeunes gens, dont deux mineurs, auteurs présumés du passage à tabac mortel. Lors du réveillon du nouvel an, ils tournaient autour d'un véhicule. Perché sur son balcon dix mètres plus haut et apercevant le manège du petit groupe, la victime a cru qu'il s'agissait, une fois de plus, de voleurs s'apprêtant à commettre leur forfait. L'homme, passablement éméché, est descendu pour tenter de s'opposer aux visées malhonnêtes en préparation. Bien que la voiture ne lui appartienne pas. Bel esprit civique ! Hélas, le groupe n'a pas souhaité ouvrir la négociation, préférant entrer immédiatement dans le vif du sujet, au sens propre et direct.

C'est à la suite des divers interrogatoires que le juge d'instruction chargé du dossier prend contact avec moi. Je dois examiner les déclarations de l'un des mis en examen, qui reconnaît le jet d'un « petit » pavé à la tête de la victime. Mais pas de loin, « juste à 30 centimètres de distance », et pas fort. Une espèce de caresse, en quelque sorte. Touché à la tempe droite, l'homme se serait alors écroulé sans plus jamais réagir. Ce jet de pierre tel que décrit par son auteur est-il à l'origine du décès ? Ou est-ce le fait d'un des autres coups ?

Des questions difficiles qui appellent une réflexion particulière. Retour au pauvre cerveau qui a fait entre-temps un séjour de plusieurs semaines dans le formol. En effet, je n'ai pas pu en faire la dissection, juste une coupe pour vérifier à l'œil nu les lésions repérées au scanner. Impossible d'aller plus loin, sinon à la fin de l'opération, cet organe fantastique serait une bouillie infâme : un cerveau, c'est fragile ! Du coup mon confrère expert anatomo-pathologiste a pu l'examiner au microscope. Reste à confronter nos avis et à en tirer des conclusions. À lui, les images microscopiques du cerveau, à moi les traumatismes relevés sur la tête et mentionnés dans mon rapport. Le lien est vite fait.

Mon confrère a bien sûr retrouvé les hématomes cérébraux visibles à l'œil nu, mais également des lésions plus discrètes, parfois plus difficiles à analyser à l'œil nu : des « contusions cérébrales », ces lésions où le tissu cérébral a subi des écrasements, des compressions, des dilacérations. De nos réflexions communes ressortent trois hématomes cérébraux récents, cinq foyers de contusions diffuses, une hémorragie diffuse. Reste à trouver qui a fait quoi. Tout un programme !

Pour s'y retrouver, mieux vaut savoir que dans les traumatismes crâniens, les lésions cérébrales peuvent être la conséquence de plusieurs mécanismes.

Il y a d'abord les chocs directs : c'est l'exemple du coup violent porté sur le crâne, qui enfonce l'os et écrase le tissu cérébral situé sous la fracture. Comme chez notre victime : sous l'effet du « petit pavé », l'os de la tempe a éclaté, est rentré dans le cerveau, avec en dessous une contusion et un bel hématome cérébral. Facile d'expliquer aux assises que ce n'était pas une gentille caresse...

Il y a également les lésions d'accélération-décélération. Là, les explications vont être plus difficiles. Il est plus simple de prendre des exemples, comme la chute brutale en arrière avec la tête qui percute le sol. À l'impact, le crâne est brutalement arrêté mais le cerveau qui a gardé une certaine vitesse (celle de la chute) vient à son tour percuter les parois osseuses de la boîte crânienne sur lesquelles il s'écrase et se déchire, d'où des contusions et/ou des hématomes. Un autre exemple est celui d'un violent coup de pied dans le visage : la tête est brutalement accélérée et part en arrière, mais lors de ce mouvement, le cerveau, qui a gardé son inertie, a pris du retard. Il se fait percuter par la paroi de la boîte crânienne, au niveau du front.

Lorsque de multiples coups violents sont portés sur

la tête, le cerveau peut à l'extrême faire la balle de ping-pong dans sa boîte.

Les lésions peuvent être des hémorragies, des contusions ou un mélange des deux.

Compte tenu de l'importance de chaque lésion, hématome cérébral ou contusion, nous avons conclu qu'il était impossible de rapporter le décès à un coup particulier. Tous sont en cause dans cette agression barbare.

Convoqué deux ans plus tard pour commenter mon expertise devant la cour d'assises de Saintes, j'en suis quitte pour un aller-retour : l'un des accusés, celui au pavé dans la tempe, ne s'est pas présenté le matin du deuxième jour d'audience. Comparaissant libre et pris d'un mauvais pressentiment, il avait regagné en vitesse son pays d'origine, de l'autre côté de la Méditerranée. Le procès est ajourné, car son témoignage était indispensable à la compréhension de l'affaire.

Un an plus tard, il rentre à son « chez lui de France ». Pas de chance, il y est attendu patiemment par la police.

Je suis de nouveau convoqué à la barre. Cette fois, les cinq accusés sont dans le box, sans moyen de s'esquiver. Après le faux bond de leur collègue, ils ont tous été placés en détention provisoire.

Juste avant mon intervention, l'un des protagonistes, ancien chasseur parachutiste, reconnaît à l'audience être l'auteur d'un coup de pied violent lancé en plein visage de la victime. Ouf, je n'avais pas rêvé, c'était bien la trace d'une semelle. C'est que jusque-là personne ne voulait endosser cet acte. Une nouveauté dans la procédure, même si pour moi ce n'était pas une surprise.

Bien évidemment, les avocats de la défense se jettent sur l'argument en fonction des intérêts de chacun de leurs clients. Selon eux, il y a maintenant un doute sur la cause de la mort, entre le coup de pied et le lancer de pavé. Malgré l'assaut des robes noires, auquel je suis habitué, je maintiens mes conclusions. C'est bien l'ensemble des coups reçus qui a entraîné le décès de la victime. Voilà mon lanceur de pavé qui explique alors sa fuite : il était persuadé que son geste était à l'origine de la mort et croyait qu'il serait de ce fait lourdement condamné. Le voilà rassuré : un coup de pied, des coups de poings, cela tue aussi.

Tous sont condamnés à des peines de 4 à 8 ans de prison, sauf le meneur qui a pris 12 ans de réclusion criminelle.

C'est qu'il s'était un tantinet acharné et était l'auteur du coup de pied. Il est le seul à faire appel du verdict. Je le retrouve un an plus tard, dans le box des assises de la Vienne, à Poitiers. Je joue à domicile. Profitant de la proximité, j'ai proposé à mes étudiants d'assister à ma prestation. L'exercice fait partie du métier. Ils ou elles seront un jour amenés à exposer leurs travaux devant les juridictions. C'est une excellente occasion de parfaire leur formation. C'est ainsi que mes deux internes, mon assistant spécialiste et ma chef de clinique, ont pris place dans la salle d'audience.

À l'appel du président, je me présente à la barre, prête le serment d'usage et présente mes observations médico-légales. La routine, en quelque sorte, rodée par la première session.

À la fin de cet exposé, l'avocat de la défense se lève lentement de son banc, agite ses manches de façon théâtrale, sans un mot.

Vingt années de pratique m'ont appris à décoder tous les signes et mimiques en usage dans les tribunaux. Je sais, à ses gestes, que l'homme en noir se prépare à sortir de la tranchée pour passer à l'offensive. Il ne manque que la baïonnette. C'est un moment dangereux, mais qui ne m'impressionne plus. J'en ai vu plus d'un se prendre les pieds dans leur robe au moment crucial. L'essentiel est de rester calme, de ne pas se sentir agressé. De répondre aux questions, parfois les plus farfelues. Si l'on est pris au dépourvu, faire répéter pour gagner du temps de réflexion, demander des précisions, annoncer que l'on ne comprend pas la question, la faire répéter. Pour la réponse, il suffit ensuite d'argumenter. Parfois la question n'a pas de réponse possible : il ne faut surtout pas vouloir répondre à tout prix, il faut annoncer qu'en l'état actuel des connaissances scientifiques il n'est pas possible d'y répondre. Rester calme, lucide.

Ne pas se sentir agressé, c'est le leitmotiv fondamental : devant ce qui est une agression la réponse est rarement réfléchie. À la décharge de l'avocat, après tout lui aussi fait son travail, défendre des causes souvent indéfendables. Dans ses attaques, l'avocat n'a donc rien de personnel contre l'expert. Mais si son objectif est de déstabiliser l'expert et non de rechercher des arguments, là, la situation est différente.

J'en suis là de mes réflexions lorsqu'arrive la première salve en feu roulant. « Monsieur l'expert, êtes-vous sûr qu'il y a eu autant de coups ? Docteur, je n'en compte pas autant que vous. Docteur, reprenez votre décompte. » Je le laisse ergoter sur sa comptabilité, me bornant à rappeler, à chaque fois, mes conclusions. Oui, il y a bien eu une douzaine de coups portés avec comme seule cible la tête. Très précisément onze ou douze, la seule incertitude concerne la plaie à la nuque et l'hématome qui va avec. « Mais docteur, vous avez compté deux coups ? Un pour la plaie, l'autre pour l'hématome ? » Imperturbable, je rappelle que ceci constitue un seul impact, dont je ne peux préciser s'il provient d'un coup porté avec un objet ou s'il résulte de la chute en arrière de la victime après qu'elle a reçu le pavé en pleine tempe ou la semelle en plein visage. Plutôt la semelle d'ailleurs, compte tenu de la dynamique d'une chute arrière.

Ces réponses, je les donne à la cour, passant mon regard du président aux jurés, regardant chacun dans les yeux à un moment ou à un autre, même un court instant, pour finalement revenir au président. À chaque argument, le corps bien campé sur mes jambes, mes mains occupent l'espace, montrant la région de la tête concernée par mon propos. Je n'ai aucun doute sur la qualité de mes arguments, la salve devrait s'arrêter faute de munitions.

Mais notre homme est un malin. Après cette première passe d'armes en guise d'échauffement, il reprend ses mouvements de manches, quitte sa table et lentement vient sur ma droite, légèrement en arrière. Le grand moment est arrivé et le choc va être terrible.

Je ramène mes mains sur la barre, fais le gros dos en penchant la tête vers le sol, bouge un peu les pieds, puis je me redresse, cambrant les reins, droit mais décontracté. Mes mains quittent la barre et se croisent l'une sur l'autre, je suis bien stable sur mes jambes, les pieds légèrement écartés. Je remonte un peu le menton, incline légèrement la tête, concentre mon regard sur le président, un sourire légèrement ironique sur les lèvres. Le tout en moins de trois secondes. Je suis prêt.

Il sort le grand jeu.

— Monsieur l'expert, j'ai dans mon dossier les avis d'un médecin légiste et d'un neurochirurgien de ma connaissance, dont les conclusions sont en totale contradiction avec les vôtres.

Un silence glacial tombe dans la salle. Les alarmes sonnent dans mon cerveau, je sens cette montée brutale d'adrénaline que j'aime tant en ski hors-piste. Mais ici je suis sur d'autres pentes beaucoup plus dangereuses. Je n'aime pas cela du tout. Je vois le piège. L'avocat va distiller des informations censées provenir du travail de mes confrères, sans que je puisse avoir la totalité de leurs écrits. Si tant est qu'ils existent, ces écrits. Celle-là, on ne me l'avait jamais faite.

Le président marque sa surprise. Personne n'a jusqu'à présent évoqué une contre-expertise, qui aurait dû faire l'objet d'une décision du juge d'instruction. Le résultat aurait dû être communiqué aux parties avant le procès.

Mon cerveau travaille à toute vitesse : avoir passé deux ans sur les bancs de l'institut de sciences criminelles à Poitiers, avec Jean Pradel comme professeur de droit pénal, cela vous marque un homme. Tous mes souvenirs de la procédure pénale reviennent à la surface. Pas question de laisser la main à un avocat qui joue sur les ambiguïtés, je dois très vite mettre un coup d'arrêt à cette tentative de déstabilisation, car c'en est une. Une pure manœuvre. Mais bien menée, je le reconnais.

Un coup d'œil au président qui me fixe intensément, puis, changeant mes appuis sur le sol, reposant mes mains sur la barre, je tourne légèrement la tête pour porter un regard en coin au baveux qui affiche un air satisfait. Je place ma contre-attaque, imparable.

— Maître, je ne peux que m'étonner que vous n'ayez pas fait citer mes confrères à la barre. Si les éléments que vous évoquez sont si importants, ils auraient dû venir apporter leur témoignage devant la cour. J'aurais d'ailleurs eu plaisir à en discuter avec eux...

J'ai à peine terminé que l'avocat de la partie civile se lève d'un bond comme un diable sort de sa boîte.

— Tout à fait ! C'est un scandale ! Ces pièces n'ont pas été communiquées à la partie adverse.

Le président :

— Effectivement, c'est un problème, vous n'avez pas informé la cour de ces documents. Qu'en pensez-vous, monsieur l'avocat général ?

L'avocat général se lève à son tour pour partager l'étonnement général et s'interroge sur la recevabilité de tels arguments. Puis il se lance et oppose à l'avocat ma réputation de sérieux bien établie, la longue liste de mes titres, diplômes et autres responsabilités, rajoute quelques considérations sur ma haute réputation régionale, nationale, pour ne pas dire internationale... La seule chose dont il ne parle pas, ce sont mes « Chroniques d'un médecin légiste » et leurs suites. J'en reste coi. Ma modestie naturelle passe un très mauvais quart d'heure. Mais c'est surtout la stratégie de la défense qui est anéantie. Lorsque l'avocat général se rassied, un silence de plomb s'installe dans la salle.

Le président, légèrement ironique :
— La défense a quelque chose à ajouter ?
L'avocat de l'accusé fait demi-tour et vient se tasser dans son fauteuil, sans un mot. Son coup de poker vient d'échouer.
La cour condamne l'accusé à 10 ans ferme.

Une fois au Bar du Palais, à deux pas d'ici, j'offre la tournée à mon équipe. Qui reste bien silencieuse aujourd'hui, marquée par cet épisode : et si un jour ils étaient à ma place ?

La raison de toute cette histoire ? Je l'ai découverte au procès. Une bêtise consternante. Ce n'était pas un cambriolage qu'avait cru surprendre la victime mais une tentative d'escroquerie. Tout ça pour régler une dette de 5 000 euros. Le réveillon du nouvel an étant, pour des raisons quelque peu fumeuses, l'occasion de brûler des voitures dans de nombreuses villes de France, ces garçons s'apprêtaient à incendier le véhicule appartenant au meneur, qui espérait bien toucher la prime d'assurance en mettant l'incendie sur le compte des violences urbaines.

Un mort et des vies gâchées pour une stupide arnaque à l'assurance.

27 La bavure

L'assistante sociale a été touchée en plein cœur. Par la misère de ses contemporains, peut-être, ça s'appelle alors la vocation. Par une décharge de chevrotines, c'est sûr, ça s'appelle un meurtre. Le corps gît dans une mare de sang, au rez-de-chaussée de la maison. Tout semble parfaitement en ordre dans le logement. Pas de traces d'effraction, pas de signes de lutte, mais trois autres impacts de tir qui ont fait de gros dégâts sur un mur, dans l'escalier et au plafond. Les voisins ont entendu les détonations et des cris. Ou l'inverse. Ils ne savent plus. Puis plus rien.

Du strict point de vue médico-légal, l'affaire est simple. L'homicide ne fait pas de doute, et lorsque j'arrive sur les lieux, l'auteur présumé est même déjà identifié par les enquêteurs. Les riverains assurent qu'il s'est présenté à plusieurs reprises à son domicile, ce jour-là. Un dimanche, en plus. Chaque fois, elle lui a ouvert sa porte. Car la demoiselle avait bon cœur. Enfin, c'est ce qui se dit, car je ne peux pas confirmer : maintenant, elle n'en a plus. À la place, il n'y a qu'un gros trou sanguinolent.

Tandis que je procède à ma levée de corps, les enquêteurs se sont lancés aux trousses du tireur présumé, bien aidés par les témoins qui ont donné une description assez précise de l'homme. D'autant plus facilement qu'ils le connaissaient déjà. C'est semble-t-il un habitué des lieux. Il était venu à plusieurs reprises chez l'assistante. Les collègues de la jeune femme, contactés par la police, ont confirmé. Un « cas difficile », selon eux, doté d'un lourd passé psychiatrique et surtout, jamais content de l'aide des services sociaux. On ne lui trouvait pas le logement qu'il voulait, le travail qu'il espérait, la femme qu'il désirait.

Quelque part en ville, la traque est lancée. Moi, je profite des excellentes conditions matérielles pour faire mon travail. La pièce dans laquelle gît la malheureuse est vaste et bien éclairée, il fait une température agréable et l'ambiance est relativement calme. Toutes les conditions sont réunies pour faire un bel examen externe.

Le visage encadré d'une chevelure blonde abondante exprime une extase surprenante dans le contexte. Comme si elle était déjà au Paradis. Cela me rappelle les réflexions habituelles sur les expressions des morts, du style « regardez, docteur, il a un air torturé, comme s'il avait beaucoup souffert » ou encore « quelle angoisse sur son visage, on lit encore la peur ». Pour moi, ce sont des constructions de l'esprit.

Les habits sont en ordre et ne présentent aucune déchirure, aucun désordre. Le déshabillage saccage l'harmonie vestimentaire car je n'ai pas le choix : pour ne pas déplacer le corps et le déshabiller sur place, j'incise un par un, couche par couche, tous les vêtements. Y compris le bustier et le string noirs. Jusqu'à exposer une plastique parfaite qui laisse pantois les témoins de mon activité.

— En tous cas, docteur, c'est une vraie blonde...

— Vous avez raison, c'est un élément essentiel de l'enquête. J'espère que vous le mentionnerez, aux assises...

L'impudent imprudent, qui pourtant ne manque pas d'air, pique un fard et se transforme illico en fat.

Pour ma part, je remarque plutôt l'absence de marques aux poignets ou sur les avant-bras, sur le ventre ou sur les cuisses. Aucune lésion de défense, aucun signe d'agression sexuelle. Elle n'a pas été battue ni violée avant d'être tuée. Juste un petit coup de feu.

Curieusement, les enquêteurs qui passent la tête pour me poser une quelconque question s'attardent plus que nécessaire. Eux comme moi ont connu des cadavres plus répugnants. Alors, pour une fois qu'une morte pourrait leur soulever autre chose que le cœur, ils ne se font pas prier pour admirer la beauté de la défunte, seulement abîmée par ce gros trou entre les seins. Cette poitrine aux mamelons dressés suscite visiblement la curiosité des présents. Je mets vite fin aux fantasmagories policières, en expliquant qu'il ne s'agit nullement d'une excitation érotique *post mortem* que pourrait entraîner mon déshabillage, mais des premiers signes de la rigidité cadavérique. Retour au calme dans les rangs.

L'affaire est assez carrée de mon point de vue. L'agresseur s'est contenté de tirer à trois reprises un peu n'importe où, comme s'il voulait effrayer sa victime, avant de l'ajuster et de l'abattre. La mort a été immédiate. Les trois questions rituelles qu'un enquêteur pose au médecin légiste ont déjà leurs réponses. L'identité de la victime, l'heure de la mort et la cause du décès sont élucidées. J'avoue que pour l'heure de la mort, je n'y suis pas pour grand-chose. Certes, le corps est souple, encore tiède, les lividités à peine établies, sa température à 35° et ces éléments sont d'excellents indicateurs d'une mort « récente ». Au prix de quelques calculs, je pourrais être assez précis. Mais surtout quatre témoins situés à des endroits différents ont entendu les coups de feu et immédiatement appelé les secours. L'enregistrement de leurs appels est un mouchard imparable et a permis aux enquêteurs d'être plus précis que moi. Quant aux circonstances, cela viendra plus tard, une fois l'auteur appréhendé. L'autopsie sera de pure forme.

Il ne me reste plus qu'à emballer ma cliente dans le sac mortuaire et à la confier aux employés de pompes funèbres pour son transport vers la morgue.

C'est alors que l'un des policiers pénètre dans la pièce en criant « Victoire ». Je tique. Victoire est un charmant prénom, fleurant bon les lendemains d'Armistice. Mais au demeurant, la défunte se prénomme Corinne. Et quand bien même, vu son état, l'appeler d'une voix forte est inutile.

— Ça y est, docteur, on l'a.
— Qui ça ?
— Ben, l'auteur ! Il est au commissariat. Mais il ne veut rien dire. D'ailleurs, on a pensé que, comme c'est dimanche et qu'on vous a sous la main, vous pourriez l'examiner pour vérifier que son état est compatible avec la garde à vue.
— Bah, tant que j'y suis. Allons-y.

Me voilà embarqué dans la voiture de police filant sirène hurlante dans les rues de la ville. En chemin, l'enquêteur qui m'accompagne tente sa chance.

— Docteur, ce gars a été hospitalisé plusieurs fois en psychiatrie. Vous pourriez nous dire s'il est en plein délire ou s'il est à peu près normal ?

— Comme vous le dites. En plein délire, vous n'avez pas besoin de moi pour faire le diagnostic, celui de délire. Normal, là, c'est autre chose. Je peux bien vérifier la compatibilité de son état avec la garde à vue. C'est une chose. Mais faire une expertise psychiatrique, non. Je ne suis pas qualifié pour.

Mon policier insiste.

— Oh, juste comme ça, à la louche. Juste histoire de dire s'il est barge ou pas.

Je préfère ne pas relever. Parce que l'expertise à la louche, je ne connais pas. Je note toutefois dans un coin de ma tête la référence à cet ustensile, pour l'ajouter au répertoire des termes culinaires adoptés par nos amis de la police. Ils adorent cuisiner les suspects, ils les font mijoter en garde à vue jusqu'à ce qu'ils passent à table. Pour leur faire cracher le morceau, ils les menacent de se faire assaisonner « aux assiettes » (les assises) et les embarquent dans le panier à salade. Le tout sous la surveillance des « bœuf-carottes », la police des polices. Finalement, dans ce paysage, la louche semble parfaitement à sa place.

Le temps de ce soliloque (à ne pas confondre avec le sot-l'y-laisse) et nous voilà arrivés devant l'ancienne maison de maître abritant les locaux du commissariat. Une belle bâtisse. L'auteur présumé est installé dans un minuscule bureau du second étage, simplement menotté d'une seule main à sa chaise. Curieuse précaution : il peut à tout moment se lever et s'emparer de son siège qui se transformerait en une belle arme pour taper sur ses gardiens. Pour le moment, fort heureusement, il me semble loin de toute intention agressive. Il se tient prostré, la tête basse, répondant d'une voix éteinte et molle aux questions du lieutenant qui l'interroge.

— Tu étais chez l'assistante sociale, aujourd'hui ?
— Ouais, cet après-midi.
— Mais ce soir tu y étais ?
— J'sais plus…

Lorsque j'entre dans la pièce, l'individu ne lève pas le nez. Je le salue, me présente et lui explique le pourquoi de ma venue.

— Je suis le docteur, je viens vous examiner pour savoir s'ils peuvent vous garder au commissariat.

D'un seul coup, le garçon manifeste un certain intérêt. Il glisse un œil dans ma direction. J'en profite pour l'interroger.

— Vous êtes bien monsieur Untel ?

Pas de réponse. Je répète la question. L'autre mâchouille un « mouais » à peine audible. Je lui demande comment il se sent, quel traitement il prend d'habitude. Mon patient, aussi nerveux qu'un caramel mou au beurre salé oublié en plein soleil, murmure de vagues onomatopées. Heureusement, un enquêteur m'éclaire en me passant l'ordonnance découverte lors de la perquisition au domicile du suspect. C'est du costaud, du lourd. La liste d'antipsychotiques prescrits correspond à un traitement pour des troubles sévères de la personnalité. Des associations à assommer un bœuf charolais. Au passage, cette évocation me déclenche une salivation intense immédiate. Car je n'ai rien dans le ventre et je m'enverrais bien un beau morceau d'onglet à l'échalote.

J'explique aux policiers qui ont également saisi les médicaments l'absolue nécessité de bien lui administrer ses cachets. Il ne faut pas interrompre son traitement, sinon la suite de la garde à vue risque d'être agitée.

J'ausculte ensuite mon gardé à vue, qui ne présente aucun signe clinique inquiétant. La tension est normale, le rythme cardiaque est régulier. Je continue à poser quelques questions.

— Vous vous sentez bien ?

— Ouais. Pourquoi je suis là ?

— Moi, je ne peux pas répondre, je ne suis pas là pour ça. Il faut demander à l'officier de police.

Justement, ledit officier entre dans le bureau, un sac pesant à la main. « Regardez, docteur, tout ce que l'on a récupéré chez lui. » Joignant le geste à la parole, le lieutenant pose le sac sur le bureau et en extrait un fusil de chasse, puis un second et un troisième. Enfin, une arme automatique de type fusil d'assaut. « Vous avez vu celle-là, docteur ? » lance le policier, impressionné par sa trouvaille. Il a maintenant l'arme bien en main, fait mine d'épauler vers une cible imaginaire, puis abaisse l'engin à hauteur de sa hanche. Comme à l'exercice, le gars actionne soudain la culasse, qu'il tire en arrière d'un coup sec. En un millième de seconde, je vois passer une lueur d'angoisse dans les yeux du gardé à vue. Sans marquer la moindre hésitation, l'officier actionne alors la détente. « Ta ta ta ta ta ta » dit-il en accompagnant son geste. Le « clic » métallique à peine audible est accompagné d'un grand fracas : le suspect a plongé sous le bureau, entraînant la chaise avec lui. Pas si fou, le psychotique : il savait que le chargeur était plein. Heureusement, la première cartouche est restée coincée dans le chargeur.

« Ah, merde », dit le policier, devenu livide en constatant la présence de bonnes et vraies balles dans le chargeur. Ses collègues du bureau d'à côté, séparés par une simple cloison, ne le sauront jamais. Mais ce dimanche, au commissariat, ils ont échappé de justesse à la mort.

Quant à l'amateur d'armes, il a fini en psychiatrie.

28 Psychologie appliquée

C'est un jour sans. Sans mort, sans vivant. Ni mort-vivant. Un agenda vide. Un grand blanc sur un agenda habituellement surbooké. Un instant béni des légistes, celui propice à rattraper le retard que génère constamment l'urgence habituelle. Car quand les morts arrivent, même si eux ne sont pas pressés, il n'est pas question de les faire attendre. Sinon l'infâme retard pointe son nez puis s'installe, finit par s'accrocher, plus fort qu'un morpion sur un pubis.

Donc, pas d'autopsie programmée, pas de consultation pour examiner une malheureuse victime. Alors, que fait cette dame, la cinquantaine, plutôt élégante, qui erre dans les couloirs du service, avec un dossier sous le bras ? Intrigué, je m'approche.

— Bonjour, vous êtes perdue ?

— Non, pas du tout. Je cherche le corps de mon fils.

— Alors, ce n'est pas ici. Il faut que vous alliez à la chambre mortuaire, je vais vous expliquer le chemin.

— Ah non, j'ai seulement besoin de voir un médecin légiste pour le corps de mon fils.

— Je suis le docteur Sapanet, chef de service. Je peux vous aider. Vous avez la date de l'autopsie ?

— Il n'a pas été autopsié.

— Je ne comprends pas. Qu'est-ce que je peux faire pour vous ?
— C'est à cause de ma fille, qui est très mal.

Chacune de ses réponses obscurcit un peu plus son histoire, mais je sens chez cette dame une réelle détresse. Le temps de cet échange obscur dans le couloir pourtant fort bien éclairé et ses yeux se sont embrumés de larmes. Je lui propose donc de venir dans mon bureau.

— Asseyez-vous. Je sens que cela va être difficile, vous allez me raconter tout ça calmement.
— Merci docteur. C'est compliqué.

Elle s'installe dans l'un des fauteuils en face de ma table de travail, je lui offre un café, remplis mon mug (un cadeau de Marie avec de superbes têtes de mort) et nous reprenons la conversation. Au passage, son regard s'attarde quelques instants sur ma tasse géante et elle esquisse un sourire. Par chance, c'est une matinée calme, sans autres visiteurs ni coups de téléphone pour interrompre la confession de ma patiente imprévue. Une exception dans le programme d'un chef de service.

— Voilà, docteur. Ma fille a trente-trois ans. Il y a six mois, elle a fait une méningite et depuis sa maladie elle est très perturbée psychologiquement. Elle me reproche de ne lui avoir jamais dit qu'elle avait un frère.
Je découvre avec curiosité qu'il est possible d'assombrir l'obscurité. J'avoue que j'ai du mal à suivre. Je me hasarde à une question simple.
— Et il a quel âge, ce frère ?
— Mais c'est qu'il n'est jamais né !

Aïe ! Je regrette déjà la question.

— Bon, d'accord. Votre fille qui a trente-trois ans a fait une méningite et depuis elle imagine qu'elle a un frère qui n'est jamais né. Mais d'où lui vient cette idée ?

— C'est ma faute, c'est moi qui lui ai dit. J'ai tellement eu peur qu'elle meure !

— Vous lui avez dit qu'elle avait un frère qui n'existait pas pour l'empêcher de mourir et elle vous reproche de lui avoir jamais dit qu'elle avait un frère ? Effectivement, elle est perturbée !

Je quitte l'obscurité pour les ténèbres. La suite s'annonce passionnante mais je sens par avance que je vais regretter l'absence de mon équipe de psychiatres-légistes, toutes parties aux assises du jour écouter la déposition de Marie.

— Vous ne m'avez pas comprise !

Sur ce, elle fond en larmes, puis entre deux sanglots :

— Il est mort-né mais je sais dans quel cimetière il peut être.

Ouf ! Tout s'éclaire. Sa fille a un frère mort-né dont l'existence lui a été cachée par sa mère. Bon, mais quel rapport avec la méningite et surtout, pourquoi est-elle là, à errer dans mes couloirs ?

— Donc il a été enterré.

— Non, parce qu'il a été mis dans la fosse commune. Faut que je vous raconte, docteur, parce que c'est une histoire compliquée.

Merci, j'avais deviné. J'ai besoin d'une nouvelle dose de caféine pour absorber la suite. Je propose une autre tasse à la dame, qui refuse. Je m'en sers une pleine chope et je reprends ma place, prêt à entendre la suite.

— Bien, reprenons. Donc, vous avez eu un fils mort-né, c'est cela ?

— Oui docteur. Il y a trente-cinq ans j'étais enceinte et j'ai fait une éclampsie.

L'éclampsie est une complication rare et complexe de la grossesse, qui survient le plus souvent vers le sixième mois. Plus elle arrive tôt dans la grossesse, plus elle est grave. Elle peut aboutir au décès de l'enfant in utero. Pour la mère, c'est également une affection grave qui entraîne des convulsions, voire même le décès. Ma patiente, sauvée de justesse par les médecins, a quand même sombré dans un coma profond et a été hospitalisée en réanimation pendant cinq semaines. Une rescapée, en quelque sorte.

— Vous comprenez, docteur, pendant que j'étais sans connaissance, personne n'a reconnu l'enfant. Et je ne pouvais pas m'occuper des funérailles.

— Et son père ?

— Lui non, il était bloqué à l'étranger, pour son travail. Et ensuite, comme il était mort-né, ils ne l'ont pas déclaré à l'état civil. Après mon coma, ils m'ont dit que c'était comme cela, que l'enfant avait été inhumé dans la fosse commune.

Bon, je ne suis pas sûr que sortant de réanimation elle a bien saisi les subtilités de la législation funéraire. Il faut avouer qu'il y a trente-cinq ans la situation était plutôt difficile pour les familles qui demandaient l'inscription de ces enfants mort-nés sur le livret de famille. Tout dépendait du terme de la grossesse et parfois de la bienveillance de l'état civil.

Je n'ai pas envie de retourner le couteau dans la plaie, ce serait lui poser moult questions douloureuses.

Je préfère aller à l'essentiel.

— Mais quel rapport avec la méningite de votre fille ?

Je le comprends peu à peu, au travers des explications de la dame, bouleversée par son propre récit. Elle a eu si peur de perdre sa fille, au plus fort de la maladie, qu'elle lui a avoué l'existence de ce frère mort-né. C'était un souvenir ancien dont la douleur s'était estompée avec le temps, jusqu'à un oubli complet. Mais devant la maladie de sa fille, submergée par des angoisses de mort, ce souvenir s'est ravivé et la seule façon d'évacuer son inquiétude a été cette sorte d'aveu. Du moins pour ce que je comprends.

Depuis sa guérison, sa fille ne cesse de lui reprocher cette dissimulation. Pire, d'avoir abandonné le corps de cet enfant sans se soucier de lui donner une sépulture digne. Et histoire d'en rajouter une couche, sa fille a fait une immersion prolongée dans les abysses d'Internet pour disséquer les secrets de famille. De lien en lien, elle, dont la vie sentimentale est une vraie galère, a compris l'importance de ces histoires familiales dont les effets se répercutent de génération en génération.

Le comble a été cette injonction d'aller consulter… une psychogénéalogiste, qui prodiguait ses lumières à sa fille depuis plusieurs mois déjà, moyennant juste rétribution. Et Dieu sait combien les recherches généalogiques peuvent être coûteuses, dès qu'elles se compliquent de diagnostics psychologiques[10]. Une consultation commune, que cette femme en détresse a

---

10 L'avantage, pour la spécialiste, c'est que la généalogie peut remonter très loin. Forcément, ça prend du temps. Et de l'argent !

acceptée en désespoir de cause. Là, elle a eu la sensation d'être au tribunal, de subir un réquisitoire implacable sans avoir eu le temps de préparer sa défense. Accusée par sa fille de ses propres échecs, par la psychogénéalogiste de nier l'évidence : les secrets cachés sont la source de tous les maux.

Sous le coup de ces terribles accusations, la mère s'est effondrée psychologiquement, développant une culpabilité sans limite à l'égard de l'enfant disparu. Elle a entamé une psychothérapie, mais une vraie, sans généalogiste caché au coin du bois. Sans grands résultats.

— Depuis, docteur, les relations avec ma fille sont devenues très difficiles. Elle est insupportable. Elle me renvoie constamment cette affaire à la figure, elle me dit qu'elle va traîner ce secret toute sa vie, et ses enfants aussi. Je n'arrive pas à m'en sortir. C'est pour cela que j'ai besoin de vous.

— Qu'est-ce que vous attendez de moi ?

— Voilà, je sais dans quel cimetière est le corps de mon enfant. Enfin, je crois. Parce qu'il y en a trois possibles. Trois fosses communes possibles, docteur.

— Mais vous savez, madame, une fosse commune, cela n'existe plus. Le terme est ancien et totalement inapproprié. C'était la seule solution dans les grandes épidémies, par exemple la peste, où il fallait rapidement enterrer de très nombreux morts pour préserver la vie des survivants. On creusait effectivement une grande fosse pour une inhumation collective.

— Pourquoi m'avoir dit cela, alors, que mon enfant était dans une fosse ?

— Par ignorance, certains ont gardé ce terme. En fait, votre enfant a certainement été inhumé dans une parcelle du cimetière réservée à cet usage, réservée aux enfants mort-nés qui ne sont pas inscrits à l'état civil. Il en existe aussi pour les morts anonymes, ensevelis selon les règles.

— J'ai bien compris. Justement, je voudrais que l'on identifie les restes et que l'on me dise dans quelle tombe il est inhumé.

Je vois déjà la scène, digne des épisodes les plus durs de la série *Bones*. De préférence en pleine nuit, car une exhumation collective ne se conçoit, c'est bien connu, qu'à la lumière de puissants projecteurs. C'est vrai, en plein soleil, ce serait trop facile. Dans un quadrillage géant, une armada de techniciens en tenue complète s'active, petites truelles et pinceaux à la main, à la recherche de minuscules ossements. En priant le ciel que des os de poulet ne soient pas mélangés à ceux de fœtus improbables. Il est vrai que certaines affaires d'infanticides en série, où le meurtre du nouveau-né sert de contraception, ont appris aux légistes qu'un lopin de terre pouvait accueillir à la fois les restes humains, ceux d'animaux domestiques décédés accidentellement ou de maladie et parfois même les reliefs des repas. Une sorte de compostage en strates très bio, un mikado géant où le légiste doit développer des trésors de patience et d'obstination.

— Docteur, c'est pour cela que je suis venue ici. Pour que vous retrouviez mon garçon.
— Je comprends bien. Mais cela ne peut pas se faire aussi simplement. Je vais vous expliquer. Il faut une décision du tribunal pour autoriser l'exhumation. Il vous faudra d'abord prendre un avocat et présenter un dossier solide.

— Docteur, je suis prête à le faire !
— Et puis il va falloir un minimum d'enquête, retrouver avec certitude le cimetière, puis la tombe, parce qu'il n'est pas question de déterrer un mort au hasard.
— Oui, oui, je comprends. Mais j'ai tout mon temps.
Je pense aux enquêteurs qui, eux, ont peut-être autre chose à faire.
— D'accord, mais trente-cinq ans après, il n'est pas certain que les souvenirs persistent. Et surtout…
— Vous m'inquiétez, docteur.
— Surtout, après plus de trente années passées sous terre, il ne reste vraisemblablement plus rien de ce petit corps. Croyez en mon expérience.

Un grand silence s'installe. J'ai l'impression d'avoir porté un coup fatal : la dame en face de moi se tasse littéralement dans son fauteuil.
— Je ne vais jamais m'en sortir, alors ?
— Comment aviez-vous fait, jusque-là ?
— Avant les histoires de ma fille ?
— Oui.
— Je ne sais pas. C'est bizarre, au début, après mon coma, c'était douloureux. Mais pas tant que cela, finalement. Mon mari a tellement eu peur de me perdre, j'avais tellement eu peur de mourir…
— Et ?
— Après, j'ai été de nouveau enceinte. La première fois, c'était un accident, ça tombait très mal, avec le travail de mon mari. Il ne pouvait pas m'emmener avec lui. Pour ma fille, c'était différent, d'ailleurs j'ai fait suivre ma grossesse, alors qu'à la première, je faisais n'importe quoi.
Grand silence.

— En fait, cette grossesse, c'était une vraie panique, de semaine en semaine, quand je voyais mon ventre grossir. Comme quelque chose qui me rongeait de l'intérieur... En plus il a failli me tuer !
— ...
— Le premier, je n'en voulais pas.
Le silence se transforme en chape de plomb.

— Je n'en ai jamais parlé à personne. Même pas à mon mari, à l'époque. Ni à la psychologue. Ni à l'autre, là, celle qui fouille dans les familles.
— ...
— On m'aurait prise pour un monstre. Vous vous rendez compte ? Une femme qui n'aime pas son enfant ? Qui croit qu'elle a un « Alien » à l'intérieur du ventre ? Vous savez, ce film... J'ai quitté la salle en pleine projection, complètement angoissée.
— ...
— Je ne comprends pas comment j'ai pu adorer ma fille après avoir détesté mon garçon. C'est incohérent, non ?
— ...
— Vous devez connaître ça, vous, ces histoires où les femmes ne veulent pas croire qu'elles sont enceintes ? En ce moment on en parle tous les jours à la télé.
— Les dénis de grossesse ?
— Oui, c'est cela. Et elles tuent leur enfant à la naissance avant de les mettre dans leur congélateur.
— ...
— Et bien, au moins, moi, je ne l'ai pas tué. C'est l'éclampsie qui l'a tué.
— ...
— Vous êtes le premier à qui j'ose parler de tout ça.
— La nature humaine est compliquée, vous savez.

Souvent, on fait ce que l'on peut.

Je vois soudain une lueur d'espoir éclairer le visage de la dame. Les larmes s'assèchent, l'esquisse d'un sourire se dessine même sur ses lèvres.
— Vous pensez que je peux vivre comme ça ?
— Et vous, qu'en pensez-vous ?
— Avant, tout allait bien.
— Et maintenant ?
— Cet enfant mort-né, je l'avais oublié, jusqu'à ce que ma fille me le remette dans les pattes. Du moins, c'était une douleur apaisée.
— Et maintenant ?
— Je crois que c'est mon histoire. Ce n'est pas la sienne. C'est ce que je vais lui dire.

Son regard a changé. Elle reprend son dossier, se lève et quitte mon bureau.
— Merci, docteur. Vous m'avez évité de me lancer dans une histoire sans fin.
— Prenez soin de vous, et vivez, maintenant !

Intérieurement, je me dis : « Beau conseil venant d'un légiste ! Pour une fois qu'un de mes clients peut le suivre. »

29 Batte mobile

Les enfants connaissent bien le principe de la Piñata, ce jeu inspiré de fêtes traditionnelles au Mexique. Les joueurs, les yeux bandés et armés d'un bâton, doivent frapper chacun leur tour sur une grosse figurine remplie de friandises afin de la casser et d'en récupérer le contenu. La difficulté est évidemment de localiser la Piñata, suspendue à une branche ou au plafond, puis d'arriver à la toucher.

C'est bien ce que se dit Grobert, le simplet du village, qui pratique une variante à sa façon. Lui, il chasse la mobylette de nuit à coups de batte. Bon, il n'a pas encore réussi à en taper une pour de bon, mais il persévère.
C'est qu'il a une position « startégique », comme il dit, qui lui laisse toute chance de réussir : il habite dans un creux que fait la départementale qui sert de rue principale au village.

Chaque soir, lorsque les jeunes du village s'amusent à lancer leurs engins pétaradants du haut de la côte pour arriver le plus vite possible au bout de la descente, il se poste devant sa maison, un peu en retrait, et attend. À cet endroit, il n'y a aucun lampadaire pour dénoncer sa présence.

Lorsque le bruit est presque à sa hauteur, il bondit et frappe de toutes ses forces. Dans le vide. Han ! Raté. Il faut dire qu'à cet endroit, les cyclos ont atteint leur vitesse maximale et passent comme un éclair, avant d'aller s'essouffler dans la remontée, en ressortant du bourg.

Grobert, les mobylettes, il ne supporte pas. Le bruit lui vrille les oreilles. Alors il chasse. Et pas seulement la nuit. Parfois en plein jour, sous les yeux de ses voisins. Les mômes sur leurs engins trouvent que cela pimente encore un peu l'aventure. Lorsqu'ils passent devant Grobert, couchés sur le guidon en position de recherche de vitesse, ils font juste un petit écart. Cela suffit. L'autre, avec son manche de bois, est bien trop lent pour eux. Surtout qu'il opère rarement à jeun. La précision du geste d'un mec bourré étant ce qu'elle est, c'est-à-dire plus qu'approximative, lorsqu'il abat son arme, les petits gars sur leurs montures sont déjà loin. Rien que des petits points rouges qui s'éloignent dans la nuit et quelques éclats de rires qui résonnent.

Les adultes l'ont grondé. « Ce n'est pas bien, il ne faut pas faire ça. » Grobert, il s'en fout. Il continue. Un jour, il en aura une.

Jusqu'à ce soir de novembre où un voisin le découvre, allongé dans le fossé, inconscient. Les pompiers arrivent, constatent que le garçon respire et l'évacuent vers l'hôpital, à une trentaine de kilomètres de là. Le médecin des urgences diagnostique un coma profond, assorti d'une tension très faible. Redoutant un hématome cérébral, le médecin demande son transfert vers le service de neurochirurgie du CHU de Poitiers.

Le temps de préparer l'ambulance, Grobert décède. C'est finalement dans un fourgon mortuaire que Grobert arrive au CHU, mais pas dans le même service. Il termine sa course dans les frigos de la morgue, avant l'autopsie ordonnée par le Parquet pour cause de mort suspecte.

Je règle les affaires courantes du service et la matinée est assez avancée lorsque j'entre, en grande tenue d'officiant, dans la salle d'autopsie. Les gendarmes chargés de l'enquête, qui assistent à l'opération, ont profité du délai pour boucler leurs investigations. Ils me font un rapide exposé de l'affaire, m'expliquent le passe-temps favori du simplet, à savoir la chasse aux conducteurs de deux-roues et me donnent leurs deux hypothèses de travail. Un, le garçon a été percuté par une voiture. Deux, il a été victime d'un règlement de comptes par les cyclomotoristes. C'est leur hypothèse préférée. Le certificat de décès rédigé aux urgences mentionne, à la rubrique « causes de la mort » : *vraisemblable traumatisme crânien et hémorragie méningée.*

L'examen externe du garçon ne valide aucune de ces deux pistes. Un choc avec un véhicule entraîne forcément des dégâts corporels importants, plaies, hématomes, fractures. Or, la victime n'a aucune fracture visible sur le scanner du corps entier. Et pas plus d'hématomes apparents. Les lésions externes se limitent à une érosion de petite dimension sur le front et une autre, plus marquée, au creux épigastrique, juste sous le sternum. Cette trace de frottement fait environ 8 centimètres de long, avec un départ très net côté gauche avant de filer vers la droite. Cet ensemble ne correspond pas à ce que l'on retrouve habituellement lors de la percussion par une automobile.

Quant au passage à tabac, là encore, rien ne permet de le valider. Hormis les deux petites érosions, pas de traces de coups, pas d'hématomes, et encore moins d'hémorragie cérébrale. Le diagnostic initial de mon confrère urgentiste est infirmé par les images du scanner, réalisées dans la nuit. La boîte crânienne et son contenu sont intacts. En revanche, le scanner montre une grande quantité de liquide autour des intestins.

Pas d'accident de la route, pas d'agression, mes braves gendarmes vont devoir trouver une troisième hypothèse de travail. L'autopsie est justement là pour les y aider. J'entame donc ma partition et mon patient de façon classique, par la grande incision pubis-menton. À peine ai-je ouvert la paroi abdominale qu'un flot de sang s'en échappe. Tous les organes baignent dans au moins un litre et demi d'hémoglobine aromatisée à l'alcool. Une colossale hémorragie abdominale, voilà la cause du décès. Une lésion difficile à diagnostiquer sur un sujet dans le coma et qui, au vu de l'importance du saignement, ne pouvait avoir qu'une issue fatale.

La trace de frottement située sous le sternum me fait immédiatement penser à un éclatement du foie. Pour le vérifier, je commence par vider l'abdomen de tout le sang à l'aide d'une canule d'aspiration branchée sur le vide hospitalier. Il me faut de longues minutes d'efforts pour y parvenir, la canule trop fine de l'appareil se bouchant sans cesse au passage de petits caillots. Pourtant grand partisan du progrès, je ne peux que maudire ces appareils modernes, quand les anciennes « suceuses » dotées de tuyaux de gros diamètre vous avalaient leurs 5 litres en moins de temps qu'il ne faut pour l'écrire. Mais pour les chirurgiens travaillant en salle d'opération, cette puissance était inadaptée à leur travail. Inutile en effet d'être capable d'éponger plusieurs litres de sang lors d'une intervention chirurgicale. Parce que dans ce cas, le patient est déjà mort. D'où le remplacement des gros aspirateurs par ces petites machines dont l'usage s'accompagne toujours, en ce qui me concerne, de quelques injures bien senties à l'égard de leur inventeur. Cela ne sert à rien, mais cela soulage.

Le pompage enfin terminé, je procède à un grand lavage à l'eau claire de la cavité abdominale. Ce qui me permet de constater que le foie est intact. Mauvaise pioche. Alors, la rate ? Je glisse mes mains côté gauche, sous les anses intestinales, je soulève : raté. La rate est entière. Mince alors. Ce type a saigné, et les deux seuls organes susceptibles de causer des hémorragies importantes ne sont pas en cause. Il va donc falloir que j'explore les vaisseaux qui irriguent tous les organes, à la recherche d'une plaie ou d'une rupture. Ce qui implique un changement radical de technique. En effet, si j'opère de façon classique, en extrayant chaque organe au fur et à mesure, je devrais chaque fois sectionner les vaisseaux correspondants. Avec le risque, une fois que j'aurais ôté tous les organes, de trouver une plaie sur un vaisseau sans savoir à quel organe il correspond.

La solution consiste à extraire d'un seul bloc l'ensemble des organes internes en connexion, depuis la langue jusqu'au sexe. Ce que je désigne, pour mes étudiants, par l'appellation très imagée mais toute personnelle, et uniquement valable chez les hommes, de « grand ligament roupéto-amygdalien ».

C'est un schéma d'anatomie de Léonard de Vinci qui

m'a inspiré, un de ces soirs où l'horreur des autopsies à la chaîne m'avait un peu ébranlé, comme le reste de mon équipe. Alors, autant se lâcher, n'est-ce pas ? Tombant par le hasard des liens sur une banque d'images consacrée à cet homme remarquable, j'avais été frappé par cette dissection d'un couple en plein coït. Mieux encore que l'exposition tant critiquée « Our body ». On notait cette continuité anatomique entre bouche, gorge, cœur, aorte, vessie et pénis pénétrant un vagin dont les extensions féminines se terminaient dans l'érection des mamelons. Des amygdales au pénis il semblait exister un solide ligament postérieur, au ras de la paroi du cou et du tronc, assez semblable, il faut l'avouer, à l'aspect du bloc d'éviscération complète que je m'apprête à faire.

Une fois l'éviscération accomplie, le bloc sera posé sur sa face ventrale, me donnant alors accès à sa face dorsale, siège de toute la vascularisation. Artères et veines passent en effet dans un plan parallèle à la colonne vertébrale et en arrière des organes abdominaux. Je pourrai ainsi suivre les trajets artériels et veineux jusqu'à ce que je trouve la fuite. Un travail de plombier, en quelque sorte.

Première étape, je découpe les côtes, confirmant au passage l'absence de fractures et d'hématomes. Puis je remonte jusqu'à la langue, point de départ de cette extraction un peu particulière. Après l'incision des muscles du plancher de la bouche, je glisse deux doigts par l'ouverture, je crochète la langue et la fais ressortir sous le menton. Désormais, mon patient nous tire la langue comme jamais il ne l'avait encore fait. Âmes sensibles s'abstenir, la suite est pire.

Batte mobile

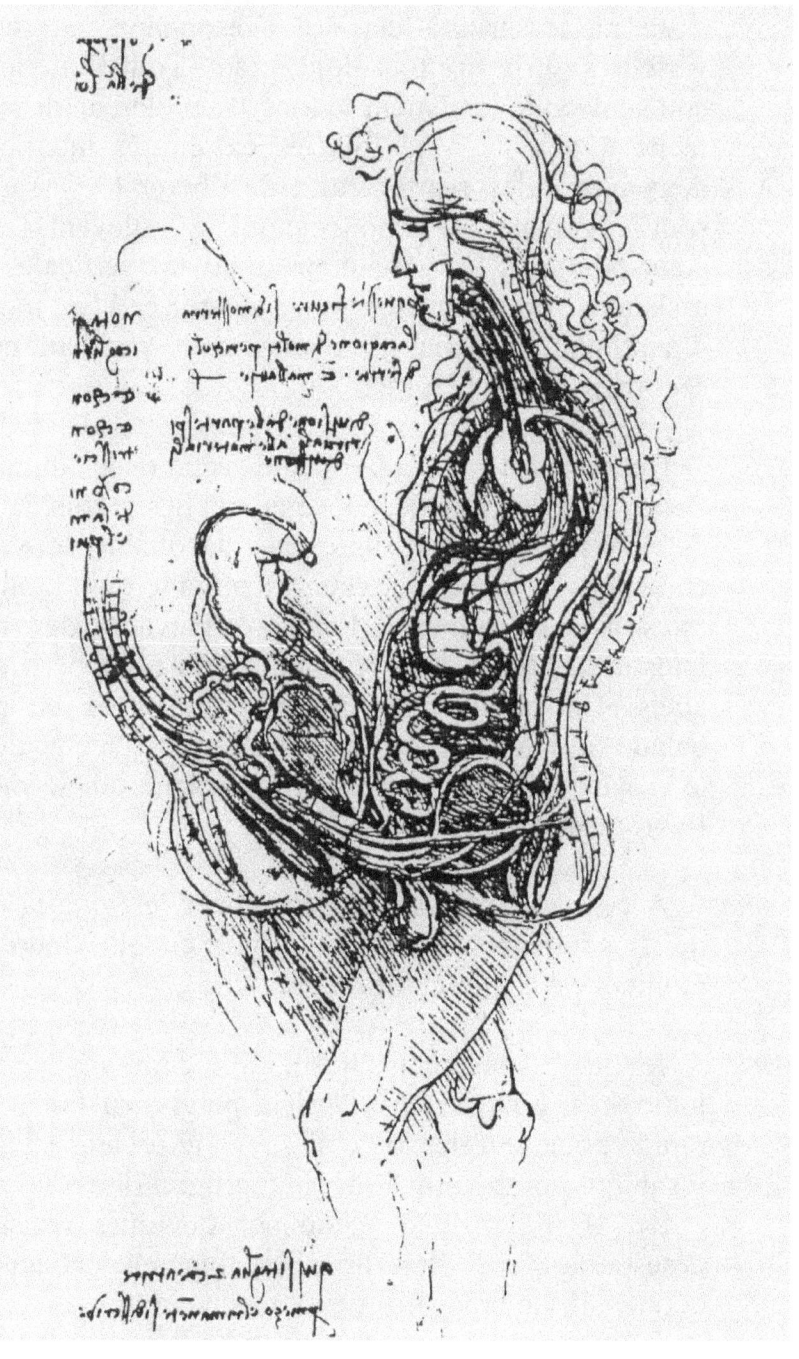

Je passe ensuite derrière l'œsophage, au ras des vertèbres, et je tire tout doucement. Tout l'intérieur du cou se décolle lentement le long d'un plan de dissection facile à obtenir. Une fois les extrémités internes des deux clavicules écartées afin de libérer le passage, ce sont les organes de la poitrine qui se soulèvent. Le bloc cœur-poumons est maintenant à la verticale. Mes assistants sont mobilisés pour soutenir ce beau morceau d'anatomie en voie d'indépendance, pendant que je sectionne le diaphragme.

Cette paroi musculaire qui sépare le thorax de l'abdomen une fois découpée au ras des parois, je passe derrière les reins, dans un espace décollable qui se situe en arrière du péritoine, cette membrane qui entoure les intestins. Désormais, l'amas mouvant des anses intestinales tente désespérément de s'échapper de tous côtés. Un peu comme un poulpe surpris en pleine balade, qui se déplace en allongeant ses tentacules sur les rochers, à la recherche d'une cache qui le mette à l'abri de son observateur.

À ce stade, mes aides souffrent. C'est que la masse qu'ils soutiennent devient de plus en plus lourde. Le moment est critique, il faut faire vite.

Je glisse mes mains jusqu'aux dernières vertèbres lombaires, puis pénètre dans le pelvis, en fait un tour rapide pour décoller la vessie, puis je reviens en arrière jusqu'au terme ultime de ma progression : la marge anale. Il me reste à sectionner quelques résistances désespérées, et le bloc libéré de toutes ses attaches est déposé sur un brancard, sur sa face ventrale.

Le corps vidé de la quasi-totalité de son contenu, j'en profite pour inspecter une nouvelle fois les côtes, puis les vertèbres, sans relever le moindre signe de lésion. J'incise les psoas, deux muscles situés de part et d'autre des vertèbres lombaires, plus connus sous leur équivalent culinaire de « filets mignons », confirmant l'absence d'hématomes.

L'ouverture de la boîte crânienne montre un cerveau indemne. Il n'existe donc pas d'autre trace traumatique que les deux abrasions déjà signalées.

Il est temps maintenant de me pencher sur les viscères. Je commence par l'examen du réseau artériel. Les carotides du cou sont intactes, ce dont je me doutais, compte tenu de l'absence d'hématomes dans le cou. La partie thoracique de l'aorte également. J'ouvre l'artère en suivant le sens de la circulation, rencontrant chaque fois les embranchements des différents organes. Et je ne trouve rien. Pas de plaie artérielle. Je n'ai plus qu'à repartir du haut, mais cette fois en suivant le réseau veineux. Je localise la veine cave inférieure, celle qui ramène le sang de la partie inférieure du corps et de l'abdomen vers le cœur, et j'avance. Voilà les veines sus-hépatiques, qui viennent du foie, puis la veine pancréatique. Stop. J'ai trouvé. La veine est totalement déchirée, le pancréas est coupé en deux. Je peux donner aux enquêteurs la clé de l'énigme.

Grobert est mort d'une déchirure du pancréas et de la rupture de la veine pancréatique. Le pancréas est l'organe situé le plus en arrière de la cavité abdominale. Il a fallu un choc d'une grande violence pour provoquer ces dégâts. La trace relevée sous le plexus du défunt correspond parfaitement à l'impact.

Question des gendarmes.
— Docteur, est-ce que cela pourrait être un guidon de mobylette ?
— En effet oui. C'est fort possible.

La suite de l'enquête va démontrer que c'est bien l'objet en cause. Les gendarmes lancent une vaste opération de contrôle des deux roues dans le village. Sans succès. Puis dans les environs. Ils découvrent ainsi qu'un jeune a fait réparer le guidon faussé de son cyclo. Le propriétaire de l'engin explique aux enquêteurs qu'un soir, alors qu'il traversait le bourg, il a heurté brutalement un obstacle avec la branche droite de son guidon. Mais il faisait si noir qu'il n'a pas pu identifier la chose qu'il venait de toucher. Sous l'effet du choc, il est parti en zigzag sur la route, manquant de peu de s'étaler, avant de réussir à reprendre le contrôle de son cyclo.
Ce soir-là, Grobert, un peu plus bourré que d'habitude, a mal estimé les distances. Lorsqu'il est sorti de son recoin, dans la nuit noire, pour intercepter sa cible, il s'est trop avancé sur le bitume. Il n'a pas eu le temps de lever son bâton que le choc l'a envoyé au fossé, des étoiles plein les yeux. Puis le ciel s'est couvert et les petites lumières qui dansaient sous ses paupières se sont éteintes une à une. À jamais…

30 Pervers pépère

Le pervers et l'escroc ont une chose en commun : ils n'ont pas l'air de ce qu'ils sont. C'est d'ailleurs la condition *sine qua non* du succès de leurs entreprises. Une fripouille qui transpire le malhonnête n'a aucune chance de rouler son client, pas plus que le tordu repérable à 100 mètres n'emballera de gentille poulette. Jouant sur cette qualité commune, le prévenu qui nous intéresse n'a pas voulu choisir entre une carrière de pervers et un métier d'escroc. Doté d'un physique plutôt agréable, d'un baratin de camelot et d'une libido particulière, il a fait les deux.

Il a d'abord imaginé de superbes combines qui lui ont permis d'empocher de grosses sommes. Il choisissait ses proies avec soin, de grandes entreprises nationales auxquelles il vendait du vent. Investissements mirobolants, inventions miraculeuses, découvertes exceptionnelles, l'homme savait jouer sur le subtil mélange de crédulité et d'appât du gain chez ses interlocuteurs. La réussite d'une belle arnaque lui procurait toujours un plaisir intense.

C'est d'ailleurs la recherche de la jouissance qui l'avait amené à son autre activité. Le bondage. Cette pratique sadomasochiste consiste à ligoter son partenaire sexuel dans diverses positions mais avec toujours le même but : le réduire à l'état d'objet soumis et offert aux fantasmes du ligoteur. Il avait pour cela recours aux services de prostituées spécialisées avec qui il s'était livré à de nombreuses explorations. Ces professionnelles aguerries disposent d'ailleurs dans leurs locaux de tous les équipements nécessaires. Poulies solidement ancrées dans les plafonds, palans permettant de soulever les corps immobilisés, liens, bâillons et autres tenues de contentions sont à la disposition des pervers ayant les moyens de s'offrir ce genre de se(r)vice.

C'est au cours de l'une de ces expériences très particulières qu'il avait enfin découvert la voie du plaisir. Lui qui ne parvenait jamais à l'extase au cours de rapports conventionnels avait joui lors d'un simulacre de pendaison de sa partenaire. La femme était debout, attachée, complètement nue, les mains liées derrière le dos. Il avait accroché une corde à ses poignets, avait passé le lien dans la poulie du plafond et avait commencé à tirer, tout doucement. Sous l'effet de la tension de la corde, qui lui remontait les bras dans le dos, la femme avait été contrainte de se pencher vers l'avant, offrant ainsi à son tortionnaire une croupe généreuse dont il avait su profiter.

Depuis, il avait tâté de multiples variantes. La partenaire consentante et largement rétribuée pour sa prestation pouvait par exemple se retrouver pendue par les pieds, les jambes écartées et la tête en bas à hauteur du pubis de l'homme. Ce qui n'était pas sans offrir d'intéressantes possibilités d'activités sexuelles pour le client. Tout cela lui plaisait vraiment. Mais il lui restait encore un ultime fantasme à assouvir. Son truc à lui, c'était de baiser un pendu. Après une courte négociation, l'une des professionnelles qu'il fréquentait avait accepté de jouer le jeu, moyennant un supplément par rapport au tarif habituel.

Après les classiques préliminaires, déshabillage et ligotage en position adéquate, il avait passé la corde au cou de la belle et avait commencé à tourner la manivelle de la poulie. Il s'était ensuite livré à diverses activités, emporté par sa fougue et son excitation, pour s'apercevoir, une fois sa besogne accomplie, que la dame avait cessé de vivre. Pendue pour de bon. L'affaire lui avait valu, outre une certaine contrariété, une condamnation à dix années de prison.

Lors de sa détention, l'individu avait fait la connaissance de madame X, l'une de ces âmes charitables qui consacrent une grande partie de leur existence aux détenus esseulés. La visiteuse des prisons était rapidement tombée sous le charme du condamné, au point de l'épouser derrière les barreaux, peu de temps avant sa libération à mi-peine, après 5 années en cellule. C'est la règle en effet pour les condamnations égales ou inférieures à 10 ans, les remises et allègements de peine pour bonne conduite, fête du 14 juillet et autres occasions réduisant en principe de moitié le séjour à l'ombre.

Une fois dehors, notre bonhomme s'était installé fort logiquement sous le toit de sa légitime épouse. À peine le temps de profiter de ce bonheur tout neuf, voilà que la dame avait été atteinte d'un cancer du sein. Elle avait entamé le parcours du combattant de la tumeur, subi une chimiothérapie, perdu ses cheveux. Tout au long de cette épreuve, son mari était à ses côtés, lui tenant la main dans les moments les plus difficiles. Il avait bien commis quelques infidélités durant cette période, mais la malade avait fermé les yeux. Elle comprenait bien qu'elle n'était plus vraiment désirable et qu'un homme avait parfois des besoins impérieux. Et puis, elle était si charitable.

À force de soins et de traitement, la dame triompha du mal. Guérie, elle récupéra ses forces et retrouva sa belle chevelure. La vie put reprendre comme avant. Ou presque. Car elle restait sujette à d'étranges épisodes de fatigue qui la terrassaient littéralement. Elle s'endormait parfois brutalement, ne se réveillant que le lendemain dans la matinée, pleine de courbatures. Elle mit cela sur le compte des séquelles de la maladie, bien que ses médecins soient incapables d'avancer la moindre explication.

Jusqu'au jour où, cherchant un papier pour son dossier de Sécurité sociale, elle découvrit, au fond d'un tiroir, de bien curieuses photographies. Des femmes nues, ligotées dans des positions inconvenantes, parfois même en plein acte sexuel. Décidée à pardonner ce petit écart à la morale, la dame s'apprêtait à refermer le tiroir lorsqu'elle aperçut un cliché particulier. Pornographique, comme les autres. Sauf que cette fois-ci, c'était elle qui était au centre de l'image.

Fébrile, elle retourna le contenu du tiroir sur la moquette et se mit à examiner chaque photo. C'était bien elle, là, et là aussi, et encore là. Toujours nue, attachée. Parfois avec un sexe d'homme dans la bouche. Une autre fois, les cuisses largement ouvertes. Ou celle-ci, très bizarre, avec une corde passée autour du cou.

Bouleversée, elle avait remarqué que certains clichés étaient la photographie d'un écran d'ordinateur. Sur le cliché le plus net, il n'y avait pas de doute. C'était un site porno. Elle avait conservé ce cliché, remis tout le reste en place. Sans rien dire de sa découverte à son mari.

Elle s'était d'abord confiée à sa meilleure amie, qui l'avait questionnée. « Tu ne te souviens de rien ? Tu es sûre qu'il ne s'agit pas de montages ? » Elle avait été incapable de répondre.

Alors, pour lever ses doutes, elle s'était lancée dans des recherches sur Internet. Elle avait réussi à agrandir le cliché, jusqu'à deviner l'adresse du site. Deviner seulement : une approximation qui lui avait fait perdre beaucoup de temps avant de retrouver le site. Mais elle avait fini par trouver. Elle était bel et bien sur le Net, exposée aux regards de tous.

Ce n'était plus seulement des photos, mais des vidéos sur lesquelles elle apparaissait. L'un des films la montrait subissant une fellation violente. Sur un autre, une main anonyme fouillait son sexe. À plusieurs reprises, on la voyait étendue sur un lit, une corde passée autour de son cou.

Cette fois, c'en était trop, même pour cette âme si charitable. Elle avait pris le stock de photos et s'était rendue directement à la gendarmerie pour porter plainte.

Il fallait bien aux enquêteurs un motif juridique pour agir. Or, ce que la dame reprochait à son mari, c'était l'utilisation de ces clichés. Elle assurait qu'elle n'avait jamais donné son autorisation pour une diffusion.

Compte tenu des mises en scène, les gendarmes avaient bien d'autres idées pour qualifier l'infraction. Mais ils pouvaient commencer par ce que suggérait la dame, qui d'ailleurs ne voulait pas entendre parler d'autre chose : l'atteinte à son droit à l'image.

D'ailleurs, elle ne se rappelait même pas des circonstances dans lesquelles les photos avaient été prises.

À moins que ... « Bon sang, mais c'est bien sûr », comme disait le commissaire Bourrel dans *Les cinq dernières minutes*, cette célèbre série télévisée des années 1960. Voilà l'explication de ces épisodes de fatigue, ces coups de sommeil brutaux suivis, au réveil, de courbatures intenses. La dame, droguée à son insu, tombait dans une sorte de profonde léthargie. Son mari profitait alors de l'épouse sans défense et offerte pour assouvir ses fantasmes.

L'enquête va avancer rapidement. Les gendarmes font expertiser les compléments alimentaires que la dame doit absorber pour compenser ses carences liées à la maladie. Dans certaines gélules, le laboratoire identifie la présence de Stilnox, un hypnotique puissant, à effet rapide et amnésiant. Du simple droit à l'image, l'information judiciaire ajoute des motifs de poursuite nettement plus copieux. Diffusion d'images à caractère pornographique, tentative d'empoisonnement, viol sur conjoint.

L'époux pervers est interpellé, placé en garde à vue et déféré devant le juge d'instruction. Pour sa défense, le brave mari assure que sa femme participait de bon gré à ses petites performances artistico-sexuelles. Bon, elle ne s'en souvenait pas, et c'était bien dommage, mais bien sûr que si, qu'elle était consentante.

Cette stratégie qui joue sur l'amnésie de la victime va s'avérer payante, puisque finalement le magistrat ne retiendra pas les faits de viol, évitant ainsi au prévenu une comparution en cour d'assises. Placé en détention provisoire puis jugé en correctionnelle, le pervers est condamné à deux ans de prison.

C'est à partir de là que l'affaire prend une tournure originale. Pas content du tout, l'homme fait appel, repasse devant les juges et prend cinq ans. L'affaire pourrait s'arrêter là. Et bien pas du tout. Car le condamné se pourvoit en cassation, au motif qu'il a été mal jugé. Il veut cette fois être poursuivi pour viol et donc, aller aux assises. Démarche probablement unique dans les annales judiciaires.

La Cour de cassation s'empresse d'accéder à la demande du pervers et casse le jugement. L'instruction reprend sur la base du nouveau chef d'inculpation, « viol sur conjoint ». Le magistrat instructeur ordonne plusieurs expertises.

Le rapport du psychiatre présente la victime comme normale, bien que fragile. En revanche, l'auteur y est décrit comme un pervers sexuel et un manipulateur. Sur le volet médical de l'affaire, le juge s'adresse à moi et me demande de répondre à trois questions.
Un, la victime était-elle vulnérable au moment des faits ? Car si elle l'était, ce serait alors constitutif d'une circonstance aggravante.
Deux, les médicaments introduits par monsieur dans les compléments alimentaires de madame sont-ils susceptibles d'avoir un effet amnésiant ?
Trois, l'ensemble de ce dossier est-il caractéristique d'une personne sur laquelle sont commis des actes sexuels alors qu'elle est inconsciente ? Ce qui ruinerait l'argumentation du consentement.

Mais je suis débordé par la réorganisation de la médecine légale. C'est que nous allons avoir quatre départements à gérer au lieu d'un, la Vienne. Finalement, c'est à Marie, qui après des années de pratique avec moi a désormais une bonne expérience des assises, que je transmets ce travail.

Elle épluche le dossier, convoque la dame qu'elle interroge longuement, rédige des conclusions argumentées. En résumé, la réponse aux trois questions posées est « oui ». Le tout est transmis au juge qui boucle le dossier et renvoie le prévenu devant la cour d'assises. Marie va devoir défendre son rapport devant la cour, mais surtout face à un accusé redoutable, manipulateur avisé et particulièrement pervers.

Pour bien préparer cette audition particulière, j'organise donc, la veille du jour J, une répétition des assises dans les locaux de la médecine légale. Pour l'occasion, un de mes amis magistrats joue le rôle du président, d'autres participants endossent les habits des assesseurs et des avocats. Quant à moi, je me suis réservé celui de l'accusé.

Je me déchaîne et je joue sur tous les registres de la perversion sexuelle. Si Marie a révisé son rapport, moi, j'ai préparé mon rôle par de nombreuses lectures. Je simule la tendance paranoïaque, interpelle le (faux) président, accuse l'expert de parti pris. Je critique son regard, je joue le persécuté.

Lorsque Marie évoque l'intromission du sexe dans la bouche de la victime inconsciente, j'embraye direct et vire à l'obsédé sexuel.

— Mais pas du tout ! Comment pouvez-vous affirmer qu'elle était inconsciente ? Ce n'est pas possible. Jamais je n'aurais fait ça à ma femme. Et d'abord, quels sont vos arguments ?

Marie déroule calmement chaque élément relevé sur les vidéos et sur les photos des mises en scène pornographiques : le regard dans le vide de la victime, ses paupières mi-closes, la bouche tombante. Je bondis.

— Pas du tout, ce n'est que de la fatigue. Une fellation prolongée, monsieur le président, cela prend du temps. Cela fatigue. Ce qui est bon, hein, c'est de se retenir. Et à un moment, ça jaillit.

Imperturbable malgré mon cinéma, Marie continue d'argumenter. Au bout d'une heure trente de harcèlement, je mets fin à la séance et me tourne vers mes internes psychiatres.

— Bon, je jette l'éponge. Est-ce que j'ai été convaincant ?

— Vous êtes parfait, en pervers... L'équipe vous décerne la médaille d'or.

Marie est prête. Je n'ai pas réussi à la déstabiliser. Elle peut y aller.

Le lendemain, à la barre, Marie est impeccable. Prête à affronter les pires délires d'un accusé que l'on croyait explosif, elle déroule son exposé dans un silence absolu. Dans son box, le prévenu ne dit aucun un mot pendant toute sa déposition.

Le pervers prend douze ans.

Le lendemain, il fait appel. Je prévois qu'il se pourvoira en cassation.

31 Overdose

La semaine a été longue, les corps se sont succédés sans interruption à raison de plusieurs par jour. Un effet du hasard ou la loi des séries. L'équipe est exténuée et chacun a eu sa dose. Des heures de travail passées en compagnie souvent malodorante ou agrémentées de visiteurs inattendus : ici des mille-pattes, là de petites crevettes d'eau douce, ailleurs de banals asticots, beaucoup plus rarement un procureur.

Mais le travail n'est pas terminé : la préparation des cours est aussi un des plaisirs du légiste de CHU. Ce soir, il s'agit d'illustrer mes cours de l'année aux étudiants de l'institut de sciences criminelles. Je leur ai tout dit des autopsies, des circonstances de décès, de la mort suspecte, de la lente dégradation du cadavre, mais il me reste à leur montrer la réalité. Comme je ne peux pas les emmener en salle d'autopsie, je leur prépare une petite projection que j'appelle délicatement « Visages de la mort ». C'est un choix délibéré : futurs avocats ou magistrats, policiers ou gendarmes, ils seront pour certains amenés à fréquenter les cadavres avant de les confier à mon bistouri. Cette dernière séance est d'ailleurs très attendue et l'amphi sera bondé, comme d'habitude.

C'est le choix des images qui est le plus difficile. Elles défilent sur les deux écrans de mon ordinateur. C'est l'avantage de l'informatique : jadis je tournais les piles de planches de diapositives sur un négatoscope intégré à mon bureau, désormais ce sont les logiciels de classement photos qui s'en occupent. À un détail près : j'avais bien sûr légendé chaque cliché avec des mots-clés, mais aujourd'hui, ils me sont inutiles. Je n'avais pas pensé qu'un jour je rechercherais une image particulière gravée dans ma mémoire : celle d'une splendide bulle de liquide jaune parfaitement transparent sur un fond d'un noir parfait. Rien de mieux pour illustrer une poche de graisse liquéfiée sur la peau suintante de putréfaction. Un beau contraste de couleur, un cadrage parfait. De l'art de légiste !

Faute d'index, j'en suis réduit à faire défiler tous ces corps putréfiés auxquels j'ai ajouté la violence de mon autopsie, toutes ces victimes des ignominies de leurs semblables.

Dans le même temps, la musique de *"Ain't no sunshine when she is gone..."* interprétée par *Cafe del Mar* tourne en boucle, en fond musical. Mais soudain sa répétition à l'infini et celle des images me donnent un haut-le-cœur inattendu.

Overdose.

En quelques clics, j'éteins l'ordinateur. Demain est un autre jour.

Du même auteur

Chroniques d'un Médecin Légiste,
  Jean-Claude Gawsewitch Éd. 2009 (épuisé)
  Pocket 2010, Kindle 2014, CreateSpace 2014

Les Nouvelles Chroniques d'un Médecin Légiste,
  Jean-Claude Gawsewitch Éd. 2011 (épuisé)
  Pocket 2012, Kindle 2012, CreateSpace 2014

Autres Chroniques d'un Médecin Légiste,
  Jean-Claude Gawsewitch Éd. 2012 (épuisé)
  Kindle 2014, CreateSpace 2014

www.ingramcontent.com/pod-product-compliance
Lightning Source LLC
Chambersburg PA
CBHW070726160426
43192CB00009B/1330